DROIT CIVIL FRANÇAIS

DE LA PREUVE TESTIMONIALE

EN MATIÈRE DE CONVENTIONS

THÈSE POUR LE DOCTORAT

PAR

Constantin DIANU

AVOCAT

PARIS

LIBRAIRIE NOUVELLE DE DROIT ET DE JURISPRUDENCE

ARTHUR ROUSSEAU

ÉDITEUR

14, rue Soufflot et rue Toullier, 13

1896

THÈSE

POUR LE

DOCTORAT

DROIT CIVIL FRANÇAIS

—

DE LA PREUVE TESTIMONIALE

EN MATIÈRE DE CONVENTIONS

——

THÈSE POUR LE DOCTORAT

——

L'ACTE PUBLIC SUR LES MATIÈRES CI-APRÈS
Sera soutenu le Mardi 21 Avril 1896, à 9 heures

PAR

Constantin DIANU

AVOCAT

——

Président : M. Léon MICHEL.

Suffragants : { MM. GARSONNET, MASSIGLI, } *Professeurs.*

——

PARIS
LIBRAIRIE NOUVELLE DE DROIT ET DE JURISPRUDENCE
ARTHUR ROUSSEAU
ÉDITEUR
14, rue Soufflot et rue Toullier, 13
—
1896

BIBLIOGRAPHIE

Aubry et Rau. — *Cours de Droit civil français d'après la méthode de Zachariae.* — 5e édit., 8 vol. in-8°.

Bouteiller. — *Somme rural* (Edit. Charondas).

Beaumanoir. — *Des Coutumes du Beauvoisis.* — Edit. Beugnot, 2 vol. (1842).

Beugnot. — *Assises de Jérusalem.* — 2 vol. in-folio.

Beaune. — *Droit coutumier français.* — *Les Contrats.* — 1 vol. in-8°, Paris, 1889.

Boiceau. — *Traité de la preuve par témoins.* (Paris, 1738).

Boistel. — *Cours de Droit commercial.* — 4e édition (1890).

Boitard. — *Leçons de procédure civile mise au courant et refondue*, par E. Glasson (1890).

Bonnier. — *Traité théorique et pratique des preuves en droit civil et en droit criminel.* — 5e édit., par M. Larnaude, Paris, 1887, 1 vol. in-8°.

Boutaric (François de). — *Explication de l'ordonnance de Louis XIV, roi de France et de Navarre, sur les matières civiles* (1743).

Bressolles (P.) *Théorie et pratique des dons manuels.* — Paris, 1885, 1 vol. in-8°.

Brunner. — *Entstehung der Schwurgerichte.* (Berlin, 1871).
— *Zeugen und Inquisitionsbeweis der Carolingicher Zeut.*
— *Des Gerischtszeugniss im die frankiche Kœnigsurcunde.* — (Berliner Festgaben für Heffter, 1873).
— *Deutsche Rechtsgeschichte*, t. II (1892).
— *La parole et la forme dans l'ancienne procédure française* (traduite dans la *Revue critique de Législ. et Jurisp.* (1871-72).

Collin (Maurice). — *Études de jurisprudence et de législation sur les dons manuels.* — Paris, 1885, 1 vol. in-8°.

Demante et Colmet de Santerre. — *Cours analytique de Code civil.* — Paris, 1881-1895, 9 vol. in-8°.

Domat. — *Les lois civiles dans leur ordre natural* (1771).

Dalloz. — *Répertoire méthodique et alphabétique de Législation, de Doctrine et de Jurisprudence* (1855). — V°s *Preuve, Témoin.*

Esmein. — *Études sur les Contrats dans le très ancien Droit français.*

— *Le serment promissoire dans le droit canonique.* — Brochure in-8°, 1888.

Fenet. — *Recueil complet des travaux préparatoires du Code civil.* (1827). — Tomes I, II, et XIII.

Ferrière (Claude de). — *Le nouveau praticien contenant l'art de procéder dans les matières civiles, criminelles et bénéficiales suivant les nouvelles ordonnances.* (1681).

Fournier. — *Les officialités au Moyen âge.* (1880).

Garsonnet. — *Traité théorique et pratique de procédure.* Tome II, (1885).

Glasson. — *Histoire du Droit et des Institutions de la France.* — Paris, 1887-1894, 6 vol. in-8°.

— *Les Sources de la procédure civile.* — Brochure in-8°, (1882).

Glasson, Leguderlin et Dain. — *Traduction du Code de procédure civile pour l'Empire d'Allemagne,* 30 janvier 1877, (1887).

Guilhermoz. — *Enquêtes et Procès,* (1892).

Gouillouard. — *Traité du contrat de louage, liv. III, tit. VIII du Code civil.* — Paris, 1885, 2 vol. in-8°.

Guyot. — *Répertoire universel et raisonné de jurisprudence civile, criminelle, canonique et bénéficiale,* (1784). V°s *Commencement de preuve, Preuve par Témoins, Témoins.*

Ihering (de). — *L'esprit du droit romain dans les diverses phases de son développement,* traduit par Meulenaere, 3° édit., (1887).

Isambert. — *Recueil général, des anciennes Lois françaises, depuis l'an 420, jusqu'à la Révolution de 1789.* Tomes XII, XIV.

Jousse. — *Nouveau commentaire. sur l'ordonnance civile du mois d'avril 1667*. Nouvelle édition, (1767).

Labbé. — *Notes sur Sirey.* — 1876.

Luchaire. — *Histoires des Institutions monarchiques de la France sous les premiers Capétiens.*

Le Livre de Jostice *et de Plet*. Édition Rapetti.

Lyon-Caen et **Renault.** — *Traité de Droit commercial.* Tome III, (1891).

Maynard (Gérard de). — *La seconde partie des notables et singulières questions de droit escrit decidees et jugees par arrests memorables de la cour souveraine du Parlement de Tholose.* 3· édition, revue et corrigée, (1608).

Maurer (Conrad). — *Kritiche Ueberschau der deutschen Gesetzgebung und Rechtswissenschaft.* — (München, 1857), 5me Band. IIme et IIIme Heft.

Ordonnance *de 1667 mise en pratique conformément à la jurisprudence et à l'usage du Parlement de Toulouse.* (1759).

Pothier. — *Traité des obligations selon les régles tant du for de la conscience que du for extérieur.* (1777).

Procès-verbal *des Conférences tenues par ordre du Roi pour l'examen des articles de l'Ordonnance civile du mois d'avril 1667.*

Rodier. — *Questions sur l'ordonnance de Louis XIV du mois d'avril 1667 relatives aux usages des Cours du Parlement et principalement de celui de Toulouse* (1769).

Sauzet. — *Revue critique de légis. et juris.* — 1896.

— *Rapport fait au nom de la Commission de la réforme judiciaire chargée d'examiner la proposition de loi ayant pour but de modifier les articles 1341, 1342, 1343, 1344, 1345, 1715, et 2044 du Code civil sur l'admissibilité de la preuve testimoniale.*

Sirey. — *Code civil annoté par Fuzier Herman, continué par Alcide Darras.* I. 3 (1895).

Sohm. — *Procédure de la loi Salique.* (Traduction Thévenin. Bibl. de l'École de Hautes Études, fasc. 13).

— *Lex Ribuaria* (1883).

Tanon. — *Ordre du procès civil au XIVe siècle.* — Paris, 1800, 1 vol. in-8°.

Tardif. — *La procédure civile et criminelle aux XIIIe et XIVe siècles.* — Paris, 1885, 1 vol. in-8°.

Viollet. — *Les Établissements de saint Louis* (1883).

— *Histoire du Droit civil français* (1893).

DE LA PREUVE TESTIMONIALE

EN MATIÈRE DE CONVENTIONS

AVANT-PROPOS

—

En principe, on entend par *preuves*, tous les modes de démonstration qui s'appuient sur la foi du témoignage. — Ce témoignage peut être *oral* ou *écrit*. De là la grande division des preuves, en *preuves par témoins* et en *preuves par écrit*. — Nous nous proposons de faire un exposé critique sur l'admissibilité de la preuve par témoins en matière de Conventions, d'après les principes consacrés par le Code civil.

Dans l'ancien droit français, la preuve testimoniale, tout en étant, dès l'origine, le moyen ordinaire de prouver les conventions, est sujette pourtant à des restrictions qui rendent son emploi difficile et souvent inefficace. Ces restrictions s'expliquent par un double formalisme. D'abord, le formalisme qui présidait à la formation et à la preuve de toute convention, ensuite, le formalisme qui existait dans la procédure par gages de bataille, suivie en matière de preuve testimoniale avant le XIIIe siècle. Lorsque le formalisme eut perdu de son influence dans la formation des conventions et dès qu'il eut disparu aussi de la procédure, par l'interdiction du combat judiciaire et par l'introduction de l'enquête *écrite* et *secrète*, la preuve testimoniale dégagée de ces restrictions, prend un grand développement dans l'ancien droit français.

Non seulement, elle est le moyen de droit commun pour prouver les conventions, mais elle sert aussi pour confirmer ou combattre la preuve littérale. A partir du XVIe siècle, de grandes modifications sont apportées à la théorie des preuves, la preuve testimoniale est réduite à l'état d'exception, et elle n'est plus admise à combattre la preuve littérale.

Les principes qui régissent l'admissibilité de la preuve par témoins dans le droit actuel, trouvaient déjà leur application dans le dernier état de l'ancien droit.

Le Code civil français a nettement rejeté l'admission de la preuve testimoniale et imposé, du moins dans la majeure partie des cas, l'usage des preuves préconstituées.

Aux termes de l'article 1341 du Code civil: « Il doit être passé acte devant notaires ou sous signatures privées de toutes choses excédant la somme ou valeur de cent cinquante francs, même pour dépôts volontaires ; et il n'est reçu aucune preuve par témoins contre et outre le contenu aux actes, ni sur ce qui serait allégué avoir été dit avant, lors ou depuis les actes, encore qu'il s'agisse d'une somme ou valeur moindre de cent cinquante francs ; le tout, sans préjudice de ce qui est prescrit dans les lois relatives au commerce ».

Deux règles sont contenues dans cette disposition :

Première règle. — Le Code exige la constatation par écrit de tous les faits juridiques pouvant créer, éteindre ou modifier des droits. Il prive du droit de prouver par témoins tous ceux qui sont en faute de ne s'être pas procuré une preuve écrite (1) ;

Deuxième règle. — La preuve testimoniale est prohibée contre et outre le contenu aux actes.

Quelle est l'origine historique de ces deux règles et quelles en ont été les applications dans l'ancien droit ? Quelle est la portée de ces deux règles dans le droit moderne, et les motifs qui en ont déterminé l'introduction dans la législation peuvent-ils encore, à notre époque, justifier leur maintien dans la législation ? C'est ce que nous allons essayer d'établir dans notre étude. Nous restreindrons toutefois notre travail à l'étude de l'admissibilité de la preuve testimoniale en matière de conventions.

Suivre une institution dans ses diverses phases

____

(1) Demanti et Colmet de Santerre. *Cours analytique du Code civil*. 2ᵉ édition, tome V, n° 345 *bis*. III, p. 573.

législatives, nous a paru un objet d'études plein d'intérêt. Aussi, allons-nous consacrer la première partie de notre travail à un essai historique sur l'admissibilité de la preuve testimoniale dans l'ancien droit français.

Et quand, après l'examen des diverses formes de l'évolution, nous arriverons au dernier état du droit, nous étudierons, en détail, la preuve testimoniale dans le Code civil.

Nous diviserons notre étude en deux parties :

PREMIÈRE PARTIE. — Ancien droit français. Introduction.

Chapitre I. — *De l'admissibilité de la preuve testimoniale, avant l'ordonnance de 1566.*

Chapitre II. — *De l'admissibilité de la preuve testimoniale, sous l'empire des ordonnances de 1566 et de 1667, jusqu'au Code civil.*

DEUXIÈME PARTIE. — Droit français actuel. Introduction.

Chapitre I. — *Exposé critique des règles relatives à l'admissibilité de la preuve testimoniale.*

Chapitre II. — *Des exceptions, au principe de l'exclusion de la preuve testimoniale.*

Chapitre III. — *De la règle, qu'on ne peut prouver ni contre ni outre le contenu aux actes.*

PREMIÈRE PARTIE

ANCIEN DROIT FRANÇAIS

—

INTRODUCTION

A Rome, « le témoin du droit antique, dont la présence, dit Ihering, s'est conservée si longtemps dans la *mancipatio*, et lui a survécu, même dans la forme du testament du droit romain, le plus nouveau, est un *témoin solennel*. Son intervention est une condition de forme de l'acte lui-même. Le témoin participe à cet acte, il en est un coauteur, il doit, comme tel, être appelé à y prendre part et avoir déclaré vouloir consentir à cette participation (1) ».

Quand plus tard il s'agit de faire exécuter la convention ainsi faite, s'il devient nécessaire d'agir en justice, « le témoin assumé ne répondrait pas à la

(1) De Ihering. *L'Esprit du Droit romain*, traduct. Meulenaere, tome I. p. 144.

confiance qu'on lui a accordée s'il se bornait à déposer ; la vérité dont il doit témoigner gît dans la force des bras. Le vrai *(wahr)* est, d'après l'étymologie de la langue latine aussi bien que de la langue allemande, ce qui est éprouvé ou confirmé (bewahrt) ce qui est garanti (gewahrt) : la vérité est ce dont on répond. Si telle est la notion originaire de la vérité, le témoin a pour premier devoir de *confirmer* la vérité. Ce serait lâcheté de sa part de ne pas suivre celui qui prend à partie l'adversaire pour lui réclamer son droit, ce serait lâcheté de l'abandonner lorsqu'il rencontre une résistance. C'est précisément dans le but de contribuer à réaliser le droit fondé sous ses yeux que la partie l'a assumé ; et ne pouvant faire valoir ce droit qu'avec l'assistance de tiers, de qui est-elle plus légitimement en droit d'attendre ce secours, si ce n'est de l'homme qui, mieux qu'aucun autre, est convaincu de son droit? *Testis*, d'après l'étymologie, veut dire assistant (1) ».

Il en est de même sous la monarchie franque : dans le droit franc comme dans le vieux droit romain, la preuve par témoins d'une convention est assurée par des témoins qui ont assisté à la formation de la convention et qui la garantissent ; ce sont ces témoins seuls qui peuvent être appelés en justice à affirmer la formation de la convention si elle est contestée.

____

(1) De Ihering, *op. cit.*, p. 144 et 145.

Brunner explique ainsi le rôle de ces témoins dans les actes juridiques ; la citation de témoins est un contrat conclu entre les citants et les cités, par lequel, ceux-ci sont obligés de donner leur témoignage en cas de besoin sur le fait constaté. Les témoins cités sont ou des témoins d'affaires ou des témoins de publicité : 1° Le témoignage d'affaires exige un accord de preuves qui est conclu entre les contractants pour assurer la preuve future de l'affaire juridique. L'adversaire de la partie qui a besoin de la preuve cite le témoin et s'oblige par cela à souffrir éventuellement, contre lui, le témoignage de celui-ci. D'un autre côté, il oblige le témoin cité en faveur de la partie contractante qui a besoin de la preuve ; 2° Les témoins de publicité sont ceux qui sont cités pour constater la publicité de certains faits ou pour publier certains faits. Le cercle des faits, qui admettent un témoignage de publicité, est plus ou moins restreint dans les différents droits. Partout, cependant, on cite des témoins pour affirmer des actes de procédure ; ainsi sur la citation, sur des faits passés devant le tribunal, par exemple, le jugement sur la promesse d'exécution, sur la *solsadierung* (constatation du défaut) de l'adversaire, enfin sur le résultat d'une preuve, sur une sommation de payer. Le témoignage de publicité est cité exclusivement par le citant qui a besoin de la preuve. Il se distingue donc du témoignage d'affaires par le manque de l'accord de preuve (Beweisgedinge), et par ceci, que le témoin est cité, par celui-là même qui a besoin de la preuve et non pas par l'adversaire (1).

Cette identité, dans la conception du rôle du témoin dans les deux droits, ne doit pas nous surprendre; car la condition des Francs à l'époque mérovingienne, nous paraît analogue à la condition des Romains, au moment de la loi des XII Tables; la loi des XII Tables et la loi Salique correspondent, certainement, à une période identique de civilisation; il n'est donc pas surprenant que nous constations, en même temps qu'une identité de législation, une identité de conceptions juridiques, qui résulte de ce que l'évolution de ces deux peuples se trouvait arrivée, en des temps différents, à un même degré de civilisation.

En ce qui concerne la preuve des conventions, d'ailleurs, l'identité dans la conception du rôle du témoin résulte de l'identité des règles relatives à la formation des contrats. Dans le droit franc, de même que dans l'ancien droit romain, le seul consentement ne pouvait suffire pour former les conventions.

Cette observation, d'ailleurs, a une portée générale : « Les législations primitives écartent instinctivement les fines analyses auxquelles sont impropres les esprits des hommes à qui elles commandent:

(1) Brunner. *Histoire du Droit Allemand* (en Allemand), II, § 105.

elles n'osent sanctionner une convention que lorsqu'un signe matériel extérieur, dont chacun comprend la portée, est venu attester que le consentement était sérieux et l'obligation formée (1) ».

De même que, dans le droit romain, les contrats ne pouvaient se former à l'origine que par le *nexum*, puis par la *sponsio*, puis *litteris* ou *re*, de même, dans le droit germanique, la convention obligatoire ne peut être formée qu'à la suite de formalités solennelles et spéciales *(fides facta)*, ou à la suite d'une prestation *(res præstita)*.

Le vieux droit germanique montre quelque parenté avec la conception juridique des Romains. Le *pactum*, dénué de formes, n'engendre pas d'obligation, le défendeur pouvant s'affranchir de tout lien; il n'engendre, même pas une exception, comme le *pactum* romain. Le contrat conclu, avec l'observation des formes reçues, se rapproche de la *stipulatio* romaine. La convention dénuée de formes est-elle accomplie par une partie, il naît une action pour contraindre l'autre partie à l'accomplir aussi, comme dans le contrat innomé des Romains (2).

D'après le droit germanique, dit Sohm, un contrat ne naît point du simple consentement (contrat non

____

(1) Esmein. *Etudes sur les contrats dans le très ancien droit français*, p. 8.

(2) Stobbe cité par Esmein. *Etudes sur les contrats dans le très ancien Droit français*, p. 7 et note 1.

formaliste), mais, comme dans le vieux droit romain, il n'existe qu'autant qu'il s'y joint une forme déterminée ou une prestation *(res)*. D'après le droit germanique, il n'existe que des contrats formalistes *(fides facta)* ou réels *(res præstita)*, pas de contrats consensuels.

Or, dans le *nexum* (1) et la *sponsio* (2), la pré-

(1) Pour le nexum, il fallait cinq témoins et un libripens : « *Adhibitis non minus quam quinque testibus civibus romanis puberibus, et præterea aliis ejusdem conditionis qui libram æneam teneat qui appellatur libripens. (a)* ».

Gaius ne nous parle pas d'un autre personnage dont la mission consistait à convoquer les témoins ainsi que le *libripens* et à les inviter à remplir leur rôle. « L'*antestatus* demandait solennellement à chacun des témoins s'il consentait à prêter son témoignage *(licet antestari ?)*. En cas d'affirmative, il lui touchait l'oreille *(aurem vellere)* pour attirer son attention sur l'acte qui allait s'accomplir (b) ».

Lorsque tous les témoins et le *libripens* avaient accepté de prêter leur concours à l'acte, la mission de l'*antestatus* était terminée (c) ».

(2) « La *sponsio* diffère du *nexum* par les absences de témoins solennels. Ici encore, dit M. Cuq, on serait tenté de dire qu'il y a une simplification. Mais si la présence de témoins n'est plus un élément de la solennité, elle continue à être nécessaire pour assurer la preuve de la stipulation. » Et M. Cuq cite à l'appui de son opinion un texte de Cicéron : *Stipulatus es ? ubi ? quo die ? quo præsente ?... Stipulatam non esse taciturnitas testium concedit.* Dira-t-on, ajoute M. Cuq, qu'on est tout au moins dispensé de convoquer les cinq témoins exigés pour la mancipation? Ce serait

(a) Gaius. II. 104.
(b) Cuq. *Les Institutions juridiques des Romains:* p. 254, note 3.
(c) Cuq, *op. cit.*, p. 254.

sence de témoins est indispensable au moment de leur formation, et ce sont ces témoins qui viendront affirmer en justice la formation de ces contrats, de même la loi Salique exige un certain nombre de témoins dans la *fides facta* et la *res præstita* et ce sont ces témoins qui seront appelés en justice pour prouver la formation de ces contrats.

Mais, dira-t-on, ce sont là des témoins solennels, ce sont là des témoins qu'on appelle instrumentaires quand ils viennent assister à la conclusion d'un acte écrit (1); ce ne sont pas là des témoins tels que nous

un bien petit avantage qui ne suffirait pas à justifier la suppression d'un élément essentiel de la solennité des actes juridiques (a).

(1) Ainsi que le dit Domat, il y a cette différence entre la preuve que font les dépositions des témoins qu'on entend en justice, pour apprendre par leur bouche la vérité des faits dont il n'y a pas de preuves écrites, ou dont les preuves qu'on peut en avoir ne suffisent pas, et la preuve que font les témoins dans les actes écrits où les lois demandent la présence de quelques témoins pour confirmer la vérité de ce qui s'y passe, que « dans ces actes les témoins sont des personnes qu'on a la liberté de choisir pour y être présents, et ils doivent être au nombre réglé par les Loix et de la qualité qu'elles prescrivent, au lieu que dans les preuves par témoins, les témoins sont les personnes qui se rencontrent avoir connaissance des faits dont on veut faire la preuve, sans qu'ils aient été choisis et appelés pour voir ce qui s'est passé et pour en conserver le souvenir. Ce qui fait que dans les informations pour crimes et dans les enquêtes pour des matières civiles on reçoit des dispositions des témoins dont on ne pourrait se servir pour être présents à des actes Ainsi, par exemple, les femmes qui ne peuvent être témoins dans un testament, ni dans un contrat,

(a) Cuq. *Les Institutions juridiques des Romains.* p. 392 et 393.

les concevons quand il s'agit de prouver un fait ou un droit en justice (1).

Oui, ce sont des témoins solennels, ce sont des témoins instrumentaires : mais le droit franc n'en connaît pas d'autres, ce sont les seuls témoins qui pourront être appelés à prouver en justice la convention, c'est par eux et par eux seuls que les conventions pourront être prouvées.

« D'après le très ancien droit, dit M. Esmein, pour prouver un contrat, on ne pouvait point faire entendre toutes personnes qui en avaient constaté l'existence à un moment quelconque : ceux-là seuls, pouvaient être entendus en preuve, qui avaient été amenés par les parties, au moment où le contrat se formait, pour en constater la formation. En réalité, on prouvait par deux témoins, non pas l'existence, mais la naissance du contrat. C'est là un principe fourni par les coutumes germaniques (2).

C'est ainsi que dans la loi des Ripuaires (3) nous voyons que si quelqu'un veut acheter une villa, une

peuvent être témoins dans une information et dans une enquête (a) ».

(1) Les témoins sont des personnes qu'on fait appeler en justice pour déclarer ce qu'ils savent de la vérité des faits contestés entre les parties. Et la déclaration qu'ils en font est leur témoignage.

(2) Esmein. *Etudes sur les Contrats*, p. 60 et 61.

(3) Loi Ripuaire, titre LX, § 1.

(a) Domat. *Les Lois civiles dans leur ordre naturel*. Liv. III. Titre VI. Section III, p. 209.

(b) Domat. Livre II. Tit. VI. Sect. III, I.

vigne ou un lot de terre quelconque, il doit se transporter sur le lieu de la tradition avec trois, six ou douze témoins, suivant l'importance de l'objet, et un nombre égal d'enfants à qui l'on donne des claques et à qui l'on tire les oreilles, afin de frapper leur esprit par le souvenir de cet évènement pour que, dans la suite, ils puissent fournir leur témoignage à ce sujet si c'était nécessaire.

La loi des Bavarois consacrait la même forme (1).

La loi salique contient aussi un grand nombre de dispositions qui exigent la présence de témoins ; tout naturellement, dans ces mêmes cas, ces témoins pouvaient venir ensuite déposer en justice (2).

Cette conception du témoin, garant de la convention à la formation de laquelle il a assisté ou concouru, dérive de ce que le droit ancien ne sépare pas nettement, la question de savoir si une simple convention est obligatoire et si elle peut être prouvée ; il en résulte, qu'une convention ne peut être prouvée, que dans les conditions mêmes où elle a été rendue obligatoire et que ce sont les témoins qui ont concouru à la formation de la convention, qui peuvent seuls en témoigner.

C'était là, la seule manière de prouver les conventions, par témoins ; la procédure *per inquisitionem*

____

(1) Loi des Bavarois, titre XV. 2 § 1.

(2) Glasson. *Histoire du Droit et des Instit. de la France,* tome III, p. 482.

que nous voyons fonctionner sous les Mérovingiens et surtout sous les Carolingiens, n'était employée que pour les affaires concernant le fisc.

Cette conception du témoin, dans le droit franc pourrait faire croire qu'on peut confondre les témoins et les cojureurs ; il y a lieu néanmoins de les distinguer.

« Ce qui caractérise le témoin, dit Brunner, c'est la connaissance du *thema* de la preuve et cette connaissance est basée sur l'observation personnelle. Le cojureur peut la posséder aussi en certaines circonstances, mais elle n'est pas réelle pour lui. D'un autre côté, les motifs de la conviction de la véracité du serment de la partie restent latents dans la cojuration tandis que c'est caractéristique au témoin de jurer comme témoin *oculaire* et témoin *de auditu* en s'en rapportant à l'observation du *thema* de la preuve. Le serment des témoins n'est pas un « Folge eid » comme celui des cojureurs ; il ne confirme pas la vérité du serment de la partie, mais le *thema* de la preuve immédiate » (1).

Les témoins n'affirment pas, comme les cojureurs, la sincérité du serment prêté par la partie, mais la vérité de la prétention elle-même. Il ne faudrait pas conclure de là cependant que ces témoins ressemblent à ceux qui sont entendus de nos jours, Dans le

____

(1) Brunner. *Histoire du Droit allemand* (en allemand), t. II, § 105.

droit actuel, les témoins affirment des faits et
le juge en tire telles conclusions que lui dicte sa
conscience. Au moyen âge, le juge est lié par la déposition des témoins ; ce sont eux, à proprement
parler, qui font le jugement (1).

Dans beaucoup de circonstances, dit le comte Beugnot, ils étaient non plus de simples narrateurs des
faits, mais de véritables officiers judiciaires... Nous
chercherions en vain à nous former une idée juste et
complète de ce qu'il y avait de grave, de solennel et
pour ainsi dire d'abstrait, dans le témoignage judiciaire tel qu'il existait chez les Francs (2).

Aussi, la preuve par témoins, ainsi que le serment,
était-elle considérée comme une faveur, un avantage : dans les procès relatifs à la propriété ou à la
possession, ce privilège de la preuve par témoins est
attribué au possesseur. C'est, qu'en effet, l'affirmation de la partie et celle des témoins, faites sous la
foi du serment, emportent gain du procès.

Les témoins établissent la situation juridique des
parties, les rachimbourgs disent la loi (3), le comte
prononce la sentence et la fera exécuter s'il y a lieu.

(1) *Code de procédure civile pour l'Empire d'Allemagne*,
traduit et annoté par MM. Glasson, Lederlin et Dareste. Introduction, p. XXVIII.
(2) Comte Beugnot. *Les Olim*. I, note 1.
(3) Ceci s'est maintenu dans le droit anglais : « Si, dans divers
autres pays, dit Blackstone, chaque question est abandonnée à la
détermination arbitraire du juge, en Angleterre, il ne peut que

Sous les Carolingiens, les Capitulaires tendent à développer la preuve testimoniale ; ils recommandent aux comtes de ne prendre aucune mesure qui aurait pour effet de priver un plaideur de ses témoins : ils leur prescrivent même d'employer la force pour contraindre les témoins à venir en justice.

A cette époque, c'est le juge qui dirige l'enquête ; il interroge successivement chacun des témoins, puis les témoins doivent confirmer leur déposition sous serment. Les témoins du demandeur déposent après ceux du défendeur et il y a contradiction absolue entre eux, il faut recourir au jugement de Dieu (combat judiciaire ou épreuve de la croix) (1).

Dans tous les cas, le jugement dérive directement de la preuve.

De tout ce que nous avons dit jusqu'ici il résulte évidemment que la preuve testimoniale pouvait être admise même quand une convention était constatée par écrit ; mais il faut aller plus loin : « A Rome, dit Danty, les contrats ne faisaient pas pleine foi comme parmi nous, il fallait auparavant qu'ils fussent vérifiés par témoins, c'est-à-dire que les témoins dont le nom y était inscrit eussent été entendus devant le juge sur la vérité de l'écrit ». Il en était de même

---

déclarer et *prononcer* quelle est la loi, et non la *faire* ou la *modifier.* » Blackstone. *Commentaires sur les lois anglaises,* traduction Chompré (1823), IV. 547.

(1) Glas. *Hist. du Droit et des Instit. de la France.* III, p. 488.

dans le droit franc ; la charte royale seule était obligatoire et faisait preuve, tout autre écrit constatant une convention devait être au préalable prouvé par témoins ou garants, et ceux-là seuls qui avaient concouru à la formation de la convention pouvaient en témoigner.

Reste une dernière question que nous signalons seulement.

Certains auteurs, M. Glasson notamment, ont soutenu avec beaucoup de force que la preuve testimoniale était de droit commun dans les lois barbares ; d'après Maurer, au contraire, Rogge aurait soutenu d'une façon décisive que la preuve par témoins était admise seulement, dans une étendue très limitée, dans les temps les plus reculés. Mais, cette question n'a pour notre étude aucune importance ; car il est certain, toutes les fois, que la loi prescrit pour certains actes de la vie civile la présence de témoins, que tout naturellement dans ces cas les mêmes témoins, qui avaient concouru à la formation de ces actes, pouvaient venir, ensuite, déposer en justice, et comme ces témoins pouvaient seuls être appelés en témoignage pour la preuve des conventions, il importe peu de savoir, si, la preuve testimoniale est ou non de droit commun.

CHAPITRE PREMIER

DE L'ADMISSIBILITÉ DE LA PREUVE TESTIMONIALE AVANT
L'ORDONNANCE DE 1566.

L'indépendance politique, dont jouissaient les différents pays de Coutumes avant le XIIIe siècle, avait beaucoup facilité la diversité des règles que nous rencontrons dans les vieux textes sur l'admissibilité de la preuve par témoins en matière de conventions.

Le moyen ordinaire de prouver les conventions était sans doute la preuve testimoniale ; les textes nous disent bien que lorsque le demandeur faisait sa demande devant la Cour féodale, il devait offrir de prouver sa prétention par témoins ou garants (1). Pour mieux comprendre le rôle de la preuve testimoniale dans l'ancien droit français, il faut faire, de prime abord, une double remarque : 1° Les témoins qui devaient attester par le serment, devant la Cour féodale, la prétention du demandeur, ne sont pas, comme de nos jours, les personnes qui ont acquis,

(1) Beaumanoir VI, 5, et Livre de Joslice et de Plet. V. 3, § 2. Cf. L'ouvrage de M. Esmein, *Étude sur les contrats dans le très ancien Droit français*, p. 46.

par hasard, une connaissance personnelle sur le fait litigieux. Les vieux textes nous disent, que seulement les personnes qui avaient assisté à la formation du contrat à « le coze qui fut fete (1) à la promesse fere » (2) pouvaient affirmer par serment ce qu'elles avaient entendu et vu se passer devant leurs yeux ; — 2° D'après les règles de la procédure formaliste, de l'ancien droit, lorsque le demandeur voulait faire la preuve par témoins, le défendeur, en principe, avait la possibilité d'empêcher cette preuve de se produire. Le défendeur accusait de parjure un des témoins du demandeur en le provoquant en combat judiciaire. Après ce *faussement par gages de bataille*, le témoin, pour n'être pas considéré convaincu de parjure, devait accepter le combat. La cour, ensuite, ordonnait et réglementait les conditions du combat par un jugement.

SECTION I

PRÉSENCE DES TÉMOINS A LA FORMATION DES CONVENTIONS.

La présence de témoins, à la conclusion des conventions, était un principe transmis par le droit franc et qui s'explique facilement à une époque où on ne

(1) Beaum., LVII.
(2) Liv. Jost. et Plet, VI. 12. § 4.

savait pas bien distinguer la convention de la preuve de son existence.

L'ancien droit français, tout aussi bien que le droit franc, ne connaissait pas les contrats consensuels (1). — Pour qu'une action fût attachée à un contrat, il fallait un élément extérieur, exécution ou acte équivalent, qui mît hors de doute l'intention des parties de s'obliger. Aussi, tout évènement qui met hors de doute cette volonté, valide le contrat comme l'exécution elle-même (2). Tels sont : *les deniers à Dieu* (3) — *la paumée* (4), — *le vin de marché* (5).

Quant aux contrats qui ne pouvaient donner lieu à aucune prestation de la part du créancier, comme le cautionnement, *plegerie*, ils s'accomplissaient par l'emploi d'un formalisme extérieur. A l'époque franque, le contrat *formel* s'accomplissait par l'acceptation de la *festuca* ou d'une chose sans valeur : un gant, un bâton, un bout de drap, donné à titre de

(1) Voyez : Loi salique, tit. LI et tit. LII. Conf. M. Esmein, *op. cit.*, p. 9.

(2) Voyez : *Assises de Jérusalem* (Cour de Bourgeois), ch. XXVII, XXIX, CV (édit. Beugnot) : L. de J. et Pl. II, 14, §§ 8 et 9 : 15, § 5 ; III et § 4 ; VI, 3 § 2. Anciennes cout. de Picardie (Marnier), p. 114, s. g.

(3) Beaum., XXXIV, 60 ; cout. de Montpellier 100 ; cout. de Lille, 50, 80, 81, 82.

(4) Beaum., XLIV, 1 ; cout. de Bayonne, ch. CXVIII, § 1 (Dulaurens, *Études*, t. 1, p. 676); Cf. L. de J. et Plet, II, 16, § 3.

(5) Laurière. Gloss. Vᵒ ; *vin du marché ;* An. cout. d'Anjou, ch. CLIX (Édit. Beautemps-Beaupré, t. I, p. 352.

gage, *wadium* (1). Dans l'ancien droit français, la formalité de la *festuca* est remplacée par des paroles solennelles accompagnées du serment et d'un signe matériel : celui qui veut s'obliger, place sa main sur l'Evangile ou entre les mains du créancier. Cette affirmation solennelle s'appelle la *foy* ou la *fience* (*fides corporalis manualis*) (2).

Nous rencontrons le même formalisme dans les obligations qui se forment par *lettres* (3). Beaumanoir nous dit que ce qui oblige et donne en même temps force probante à l'acte. c'est l'apposition d'un sceau.

Mais si un signe matériel est indispensable pour la formation de la convention. il est important de remarquer que cet élément extérieur devait s'accomplir en présence de témoins. Les textes et les formules de l'époque franque exigent expressément que des témoins soient présents à l'accomplissement de l'élément extérieur. *Præsentibus testibus pretium tradat et possessionem accipiat* (4). En général, les lois d'origine germanique mentionnent avec soin la présence de témoins à la naissance de la convention. La loi des Wisigoths, en parlant d'un contrat de vente,

(1) Loi Ripuaire XXX, 1 ; Edict. Chilpéric, 6. Pertz., *leges* IV, p. 599.

(2) Voyez Cartulaire de Saint-Pierre d'Avenay, publié par L. Paris. T. II, pp. 119, 126, 128, s. q. ; Registre criminel du Châtelet de Paris, I. pp. 337, 338.

(3) Beaum. XXXV, 1.

(4) Loi Ripuaire, tit. LX.

décide que la vente est parfaite si le prix est payé en présence de témoins. *Datum pretium presentibus, comprobetur et plenam habeat emptio robur* (1).

Ainsi s'explique pourquoi, dans l'ancien droit français, s'est transmis, avec le formalisme des conventions, aussi la règle de parfaire le contrat en présence de témoins. « Nos somes pret de prover par nos et « par garant qui vit les deners baillier les conve- « nances fere (2) ».

Les Assises de Jérusalem, dans un texte qui pourrait être généralisé, consacrent formellement la règle de contracter en présence de témoins. « Sachez que le louage que l'on fait de son héritage se doit faire en la présence de la Cour et se peut faire aussi en la présence de gent qui soient garent (3) ».

Les formules du Livre de Jostice et de Plet, dit M. Esmein, nous ramènent à la même idée : « C'estoit à prover et à avérer par soi et par garant qu'il avoit seu et veu la promesse fère et les deners paier (4) ».

D'après la rigueur des principes qui régissent la formation des obligations, dans l'ancien droit fran-

_____

(1) Loi des Wisigoths, V, 4, § 3 ; loi des Bawarois, XVI, 2. (Pertlz *Leges*, t. IV, p. 324).
(2) Livre de J. et Plet VIII, 5 § 5, p. 172.
(3) Abrégé, (Cour des Bourgeois), chap. LXII.
(4) Esmein, *op. cit.*, pp. 61, 62.

çais, la convention, dans laquelle existe un signe matériel, est parfaite, même lorsqu'elle est contractée en absence de témoins ; mais, dans ce dernier cas, nous aurons occasion de le voir plus loin, il est difficile de fournir la preuve de la convention.

Ainsi peut s'expliquer l'exigence de contracter en présence des témoins et la règle de convoquer des témoins à la conclusion des contrats.

§ 1. — Convocation des témoins à la conclusion des conventions.

Les hommes de l'époque franque avaient l'habitude de convoquer des témoins à la conclusion des affaires. Les lois franques parlent de *testes coligere* ou *adhibere*, et d'autres lois germaniques mentionnent les *testes vocare* ou *trahere* » (1).

On conduisait, à l'endroit où le fait juridique devait s'accomplir, des hommes chargés d'entendre et de voir ce qui se produirait devant leurs yeux. Quelquefois, on amenait de jeunes garçons et on avait l'habitude de leur donner des gifiles et de les pincer à l'oreille afin que ce qui se passait devant leurs yeux s'imprimât davantage dans leur mémoire. « *Si quis*

(1) Voyez : Loi salique XXXIX ; XLVII ; L, § 2 et loi ripuaire XLVII ; loi des All., H. Loth, II. 2. et XCII ; loi des Band., XV, 2, § 1, XVI, 2, § 5.

« *villam aut vineam vel quamlibet possessum*
« *culam ab alio comparavit, et testamentum acci-*
« *pere, non potuerit, si mediocris res est, cum sex*
« *testibus, et si parva, cum tribus, quod si magna*
« *cum duodecim ad locum traditionis cum totidem*
« *numero pueris accedat et sic eis præsentibus*
« *prætium tradat et possessionem accipiat, et*
« *unicumquæ de parvulis alopas donnet, et tor-*
« *queat auriculas, et in postmodum testimonium*
« *præbeant* (1) ».

Il paraît que dans l'esprit des gens de l'époque franque, la convocation du monde à la conclusion des affaires avait un double but : assurer d'abord une espèce de publicité à l'acte juridique, et ensuite ménager un moyen de preuve pour le cas où le contrat serait contesté.

Dans leurs yeux, le contrat dénué de publicité était un contrat en quelque sorte irrégulier qui, pour une raison quelconque, craignait la publicité. Cela s'explique suffisamment dans une législation où le formalisme est si prépondérant.

Pour satisfaire à ce double but, on avait l'habitude de convoquer un grand nombre de personnes pour assister à l'accomplissement de l'acte ; de la sorte, on lui assurait la publicité ; ensuite, on choisissait

(1) Loi ripuaire, tit. LX.

parmi ces personnes, un nombre déterminé, qu'on dé-
signait par leur nom. On se contentait, souvent, d'un
simple signe matériel : on les pinçait aux oreilles ou
on les touchait simplement de la main. Les personnes
ainsi désignées étaient les témoins qui devaient attester, au besoin, l'existence de l'acte. Cette distinction
entre les personnes appelées à assurer la publicité
de l'acte juridique et les témoins désignés de la manière dont nous venons de montrer, se trouve bien dé-
finie dans les anciens droits scandinaves, surtout pour
les contrats de vente et d'échange relatifs à des immeubles (1). Mais de bonne heure s'est opérée une
confusion sur ces deux points ; de sorte qu'on est
arrivé à admettre comme témoins, sans autre formalité, les personnes convoquées pour la publicité, ou
bien considérer la publicité complètement réalisée
par la seule convocation de témoins. Dans la législation franque, la loi salique ne dit rien sur cette question. Quant à la loi de Ripuaires, nous pensons que
d'après cette loi la publicité des conventions était
considérée comme suffisamment réalisée par la convocation des témoins à la conclusion de l'acte ou bien
par la passation de l'acte en justice. Cette publicité
était surtout nécessaire lorsqu'il s'agissait d'un con-

(1) Voyez pour les détails et pièces à l'appui : Conrad, Maurer.
Article publié dans *Kritiche Ueberschau der deustschen Gestz-
gebung und Rechtswissenschaft*, (München 1857) 5ᵉ Band., 2ᵉ Heft.

trat qui avait pour effet de transférer un droit réel. En admettant, avec M. Beaune (1), qu'un tel contrat n'était valable, à l'égard des tiers, que lorsqu'il avait été fait en justice, comment pourrait-on expliquer cette exigence de la loi ripuaire, sinon que la loi voulait assurer une publicité plus grande et plus sûre à l'acte juridique (dans l'espèce à la vente) (2).

Cette règle de l'époque franque, de convoquer les témoins à la formation des contrats, s'est transmise aux siècles suivants, dans l'ancien droit français, avec le formalisme, que nous avons vu présider à la formation des contrats. Elle s'est perdue de bonne heure, comme l'atteste Beaumanoir. « Une costume ne kort « pas, mes laquele soloit coure, si comme noz enten- « dons de cex qui sevent de droit ; car, nus tesmoins « combien qu'il sceust de la coze ne solooit rien va « loir, s'il n'estait apelés de parties à la coze fere, « proprement por porter tesmongnage de la coze qui « fut fete, si mestiers estoit ».

Un texte de la *Compilatio de usibus andegaviæ* cité par M. Esmein (3) atteste l'existence du principe.

L'existence de ce principe dans l'ancien droit fran-

(1) Henri Beaune. *Les Contrats*, p. 144.

(2) *Loi Ripuaire*, LXI (59), 1.

(3) « Il est de droiz et usage que quant un home baille son avoir « à un autre à garder en sa chambre sans *garant appeler*, que « de bataille point n'i a se l'autre le li nie, fois le plein serment « ou l'auquête ». Voyez *Compilatio de usibus Andegaviae*,

çais, ne peut faire de doute. Les témoins qui devaient attester par serment l'existence d'une convention devant la cour féodale, étaient des personnes qui avaient assisté à la formation même de
la convention, qui avaient entendu et vu de leurs

art. 77. Édit. Beautemps-Beaupré, I, p. 55. Comparez Esmein. *Op.
cit.*, p. 61.

Comme l'a remarqué M. Esmein, l'enquête dont parle le texte,
est une preuve testimoniale exceptionnelle, admise seulement dans
un petit nombre de cas et très différente de la preuve par témoins
du droit commun, qui fait l'objet de notre étude. Mentionnée aussi
par d'autres coutumiers, cette enquête était employée dans les cas
ou les gages de bataille ne pouvaient avoir lieu, soit à cause de la
condition des parties, soit à cause de la modicité de l'intérêt engagé
dans le procès. Nous relevons d'après le Livre de Jostice et de Plet
ses principales applications. Ainsi, elle était admise : 1º Dans les
affaires qui concernent le domaine royal : « Se li rois demande
riens a aucun meuble ne heritages que l'en ait pris sur lui ou que
l'en li doie, il gaagne par enqueste ou pert. « L. de J. et Plet. I,
XIX, 44) ; 2º Dans les procès relatifs à la possession (L. de J. et
Plet, 6, XIX, 44. Conférez *Livre* de Jean d'Ibelin, ch. CCXLVIII,
édit. Beugnot, t. I, pp. 396, 585) ; 3º Dans les procès de pauvres :
« Si l'en fict injure à une poure persone qui ne puet son droit
« porchacièr ne par soi, ne par son avoir, ne par ses amis ;
« tel chose doit aler par enqueste, car l'en ne sueffre pas, que les
« choses à tel perissent qui n'a poer ». L. de J. et Plet, XIX, § 8,
« p. 44) ; 4º Dans les procès relatifs à l'état des personnes : Nus
« ne puet apeler autre de servage, se n'est par soi ou par
« homme dou lignage. Et doit aler par enqueste si les parties se
« consentent; et se ne se consentent la chose ira par bataille. »
L. de J. et Plet, I, § 8, p. 56) ; 5º D'après notre coutumier, l'enquête était encore employée lorsqu'il s'agissait de prouver un simple
fait matériel (2, VII, 3).

D'après M. Brunner *(Die Entstehung der Schwurgerichtle,*

propres yeux la naissance de l'obligation. « C'estoit
« à prover et a avérer par soi et par garanz qu'il
« avoit seu et veu la promesse fere et les deniers
« poier (1) ».

En Normandie, au XIIIe siècle, les parties, pour
s'assurer que les témoins appelés à la conclusion de
l'acte ne refuseront pas plus tard leur témoignage,

p. 438-450), cette enquête est l'ancienne preuve testimoniale *per
inquisitionem* du droit franc qui se pratiquait à la Cour du roi.
(Voyez M. Glasson, *Histoire du Droit et Institution de la France*,
t. III, p. 491, s. q. et la brochure de M. Brunner, *Zeugen und
Inquisitionsbendeis Carolingischer Zeit)*. Le caractère essentiel de
cette enquête est que le témoin n'a pas à craindre de se voir *tor-
ner ou lever* par gages de bataille, ensuite pour être entendu, le
témoin n'avait pas besoin d'avoir assisté à la naissance même du
fait litigeux. Le « tesmoing du pais » (L. de J. et Plet, 2, VII, 3),
ne fonde pas sa déposition sur sa présence, au moment où le fait
litigeux a eu lieu; mais, sur un état des choses qui s'est continué
pendant un certain temps, sur un fait permanent qu'il a appris
peu à peu en sa qualité de voisin ou de parent de parties. La connaissance qu'il a acquis sur le fait délictueux résulte d'une série
des faits isolés dont il ne se souvient plus exactement l'origine,
sur l'ouïe-dire, et non pas sur ce qu'il a entendu et vu de ses
propres yeux, comme cela arrive dans la preuve testimoniale de
droit commun où le témoin devait être convoqué pour assister à
la naissance même du droit.

Étant donnés les cas dans lesquels elle trouvait application, dans
l'ancien droit francais, cette enquête reste en dehors du cadre de
notre travail. Aussi nous sommes-nous contentés de la mentionner, et pour finir nous remarquerons qu'elle ne doit pas être con-
fondue avec l'enquête introduite par saint Louis que nous allons
étudier plus loin.

(1) Livre de J. et Pl., VI, 12, § 4, p. 156. Cf. *Assises de Basse-
Cour*, ch. CV, p. 126 (édition Kausler).

avaient l'habitude de les faire promettre par serment leur témoignage éventuel. *Testes ex parte mea qui et fidejussores sunt.* M. Brunner cite un texte, d'après lequel on voit les vassaux du *tradens* promettre par serment aux moines du couvent de Troarn qu'en cas de besoin *in qualibet curiam, coram quibus libet personis, cum eis (monachis) ibunt et rei veritatem sicut testes et plegii fatebuntur* (1).

Mais il faut remarquer que dans le droit français, la formation des contrats en présence de témoins, en dehors du tribunal, avait perdu beaucoup de l'importance qu'elle avait à l'époque franque ; car le droit français connut de bonne heure la règle de contracter devant la justice.

La formation de contrats en justice présente un grand avantage, au point de vue de la preuve, sur la formation des contrats en dehors du tribunal ; car les juges, échevins, jurés, prudhommes fourniront leur témoignage si la convention venait à être contestée. Leur témoignage offre de telles garanties de sincérité et d'impartialité, que le défendeur ne sera pas admis à le fausser par gages de bataille comme celui de témoins ordinaires ; c'est la preuve dite par *record*.

Les anciens droits germaniques connaissaient bien la formation de contrats en justice ; mais ils n'admettaient pas la preuve par *record*. Lorsqu'un contrat

______

(1) Cartulaire de Troarn, cité par M. Brunner. *Die Entstehung des Schwurgerichte*, p. 198.

passé en justice venait à être contesté, la preuve
était faite par des témoins que les parties avaient
convoqués à sa formation (1). D'après M. Brunner,
parmi les droits germaniques, il n'y a que le droit
lombard qui ait connu, dès le VIIIe siècle, la preuve
par record (2).

Mais les anciens coutumiers français connaissent
la formation des conventions en justice avec la preuve
par record (3), et le texte des Assises de Jérusalem,
que nous avons déjà cité, semble même admettre
comme principale manière de contracter, celle de
passer le contrat en justice (4). En Normandie surtout, la preuve par record était très répandue (5).

Les conventions passées en justice sont plus « sertes
et durables, et veraies et estables a tout teus (6) »
justement parce que la preuve de son existence est
plus sûre et plus facile à fournir. Dans ces conditions,
il n'y a rien d'étonnant de voir la formation des contrats en justice et la preuve par record se conserver
longtemps dans l'ancien droit français.

La règle de convoquer des témoins à la formation
des conventions a perdu son importance du jour où

(1) Loi salique, XXIX, XLVI, LVC; loi Ripuaire LIX.
(2) Brunner, *Festgaben für Heffter*, 1873, p. 148 et suiv.
(3) Beaum. XXXIX, 6; LXII, 11; Livre de J. et Pl., II, 17, § 2.
(4) Abregé, ch. LXVII. Voyez aussi Livre de Jean d'Ibelin,
ch. CXVII (Beugnot).
(5) Brunner, *op. cit.* pp. 189 et s.
(6) Abregé de la *Cour des Bourgeois*, t. II, p. 246 (Beugnot).

les tribunaux laïques, sous l'influence de l'Église, avaient commencé à reconnaître la validité de conventions formées sous serment *promissoire*. — Les légistes, croyant rester fidèles au formalisme, parce que le serment qui appuyait la convention était un acte extérieur, se rapprochaient du principe que l'obligation naît de la volonté des parties. « Marciès est fez par l'accord des parties (1). »

Du moment qu'on est arrivé à distinguer la formation de la convention de la preuve de son existence, notre règle n'avait plus de raison d'être, du moins dans les conventions verbales. Aussi, à partir du XIIIe siècle, n'exigeait-on plus que les témoins aient assisté à la formation de la convention ; ceux qui ont acquis une connaissance personnelle sur l'existence de la convention peuvent déposer en justice d'après ce qu'ils ont vu et entendu : « Cil qui furent a le coze « fere ou qui l'oïrent recorder sont oy en tesmon- « gnage s'il ne sont débouté par autre reson que « par ce que il ne furent pas appelé (2). » Beaumanoir connaît donc les témoins modernes *de visu et auditu*, c'est-à-dire ceux qui ont acquis, par simple hasard, une connaissance personnelle sur le fait litigieux. « Les témoins, dit Domat, sont les personnes qui se « rencontrent avoir connaissance des faits dont on

____

(1) Beaum., XXXIV, 60 ; cf. P. de Fontaines, *Conseil à un ami*, XV ; Livre de J. et Pl., II, §§ 1, 2.
(2) Beaum., XXXIX, 57.

« veut faire la preuve, sans qu'ils aient été choisis et
« appelés pour voir ce qui s'est passé et pour en
« conserver le souvenir (1). » Ce sont les témoins
casuels de la législation actuelle.

§ II. — Condition d'admissibilité de la preuve testimoniale.

Nous avons dit que dans l'ancien droit français
jusqu'au XIIIe siècle, la convention n'était pas parfaite par le seul consentement des parties et qu'il
fallait encore un signe extérieur qui mît hors de
doute l'intention de s'obliger. L'existence de cet élément extérieur joue un rôle prépondérant dans l'admissibilité de la preuve par témoins.

a) Ainsi, d'après les Assises de Jérusalem, les parties peuvent conclure le contrat, soit devant la justice,
soit en dehors du tribunal, en présence de témoins,
« en la présence de gent qui soient garent ». Lorsque
le contrat a été passé en justice, le demandeur peut
toujours offrir le témoignage des juges qui ont été
présents à la conclusion de la convention ; de sorte
que dans cette hypothèse la preuve par record est
toujours possible.

Lorsque le contrat a été passé en dehors du tribunal, le demandeur peut offrir la preuve par témoins,

(1) Domat, *Les lois civiles dans leur ordre naturel*, L. III,
T. VI, sect. III, p. 280.

mais pour qu'il puisse produire cette preuve, il faut qu'il existe dans la convention l'élément extérieur dont nous avons déjà parlé, c'est-à-dire l'exécution de la convention par l'une des parties, ou un autre acte équivalent accompli en présence de témoins, de sorte que, dans cette hypothèse, la preuve testimoniale n'est admise que lorsqu'il existe dans la convention un signe matériel ou, comme s'expriment les textes, quelque chose *d'aparissant* : « S'il avient que « un homme ou une femme s'en vient a le cor clamer « et dit : Sire, je me clains à vous de tel home qui « m'ot en convent de faire ma maison ou de fere « me ma robe, et l'autre dit *que non place à Dieu,* « la reson commande que se celui qui se clame a « *deus garans* qui facent que garans que célui li ot « celuy convenant, il est tenu de feire par dreit...... « Et se le convenant *deit estre si aparissant* que « clamour s'en puisse fere en cort et se non, ne deit « estre oys (1) ».

En résumé, lorsque le contrat a été fait devant la justice, la preuve par record est toujours admise et le témoignage du juge est inattaquable ; car le défendeur ne pourra pas le fausser par gages de bataille. Mais, si le contrat a été conclu en dehors du tribunal, la preuve testimoniale n'est admise qu'à une double condition : 1° que la formation du contrat ait eu lieu

(1) *Assises de Jérusalem, Cour des Bourgeois,* ch. CV, t. II, p. 183 (Beugnot).

en présence de témoins ; 2° qu'il existe dans la convention quelque signe matériel qui mette hors de doute l'intention des parties de s'obliger.

Et encore, il faut remarquer que dans cette dernière hypothèse le défendeur avait le droit de fausser les témoins par gages de bataille.

b) D'après le Livre de Joslice et de Plet, nous croyons encore établir au début, la distinction entre les conventions passées en justice et celles qui ont été conclues en dehors du tribunal. « Gautier se pleint
« de Robert et dit que pez estoit fete, dou contenz
« d'une meson que Gautier li demandoit. Robert niaz
« la pez ; li autres se demande le recort de cels qui
« furent à la pez et nommer le leu où la pez fut fete.
« Et Robert dit qu'il ne veault avoir point de recort
« come cort de tex genz qui n'ont point recort. —
« L'en demande qu'en dit droit. — *Et l'en dit que*
« *si le cort est tele quele en doie porter recort, li*
« *recorz corra par preudes homes et par le recort*
« *sera seue la forme de la pez.* Et se la pez est
« queneue et il ait discort, aussi sera seue par le re-
« cort. Et se la pez fut faite sans justice ou par jus-
« tice qui n'a pas recort et elle soit niée, le recorz
« ne corra pas ; et se cil qui demande néant prover
« la pez par soi et par garenz et li autre face encontre
« tel ni et tel deffense come il doit, il n'i que la prove
« a celui à qui l'en demande (1). »

(1) Liv. de J. et de Pl., II, 17, § 2.

a) Lorsque la convention a été passée en justice, le demandeur pourra toujours offrir la preuve par record, et le témoignage des juges sera reçu, *si le cort est telle quele en doit porter record*, dit le texte précité.

b) Si la convention a été conclue en dehors du tribunal il faut faire la distinction suivante :

1° Si le contrat a été exécuté par l'une des parties, le demandeur sera toujours admis à prouver la convention par témoins, par conséquent la preuve testimoniale sera toujours admissible et le défendeur ne pourra l'empêcher de se produire qu'en faussant un des témoins par gages de bataille, comme nous avons déjà vu dans les Assises de Jérusalem ;

2° Si le contrat n'a reçu aucune exécution, la preuve testimoniale ne sera reçue que sous la condition que le défendeur reconnaisse l'obligation ; mais, si le défendeur nie l'obligation, il pourra repousser la demande en jurant qu'il n'y a pas de convention. « Si le contrat, dit M. Esmein, n'a été exé-
« cuté ni d'un côté ni de l'autre, la coutume estime
« qu'il y a eu probablement un projet de conven-
« tion, non une convention définitive. On dit alors
« qu'il n'y a que « sormise », mot qui peut se tra-
« duire par « simple présomption ». Dans ce cas le
« demandeur a beau offrir de faire entendre des té-
« moins, le défendeur ne les laissera produire que
« s'il le veut bien ; s'il le préfère, il pourra repousser

« la demande en jurant qu'il n'y a pas de contrat ;
« il s'en passera par sa prove. Si, au contraire, le
« demandeur affirme qu'il y a eu déjà une exécu-
« tion du contrat qu'il offre « à prover par soi et par
« garanz qui est prez à fere champ de bataille », le
« défendeur n'a pas d'autre défense que « d'escon-
« dire par gage de bataille (1) ».

Comme nous le voyons d'après ces deux coutumiers, l'admission de la preuve testimoniale n'était
pas libre de toute restriction, dans l'ancien droit français, avant le XIIIᵉ siècle. Ces restrictions tenaient à
deux causes différentes : l'une, c'est le formalisme
des conventions dans l'ancien droit et la confusion
qu'il établissait entre leur formation et la preuve
de leur existence ; l'autre, c'est le principe admis
par la procédure formaliste des cours féodales de
permettre le faussement de témoins par gages de
bataille.

D'après les Assises, les conditions d'admissibilité
de la preuve testimoniale sont en concordance avec
les principes qui régissent la formation des conventions d'après ce coutumier. Le livre de Jostice et de
Plet, comme l'a remarqué M. Esmein, reconnaît la
force obligatoire du consentement, et pourtant les
restrictions qu'il apporte à l'admissibilité de la preuve
testimoniale ne peuvent s'expliquer que par l'idée

____

(1) Voyez pour les textes à l'appui l'*Etude sur les contrats dans
le très ancien droit français*, par M. Esmein, p. 49, s. q.

que la convention n'est obligatoire que par une exécution, du moins partielle.

Mais, à partir du XIIIe siècle, le formalisme perd
de son importance, et, dans la formation des contrats, on admet la force obligatoire du consentement.
Quant au faussement de témoins par gages de bataille, il a été formellement aboli par *l'ordonnance
sur les gages de bataille* de saint Louis, dans la
deuxième moitié du XIIIe siècle. Dans Beaumanoir,
nous trouvons le contre-coup de ce changement dans
la preuve des conventions, car Beaumanoir connaît
déjà la preuve testimoniale libre de toutes ces restrictions.

SECTION II

INTERDICTION DU COMBAT JUDICIAIRE ET INTRODUCTION DE L'ENQUÊTE ÉCRITE ET SECRÈTE.

**§ I. — Ordonnance de St-Louis sur la procédure au
Chatelet et celle sur les gages de bataille.**

La preuve par témoins, telle que nous venons de
l'étudier, était essentiellement formaliste, comme
d'ailleurs toute la procédure qui se pratiquait devant
les cours féodales. La forme et la parole jouaient un
rôle prépondérant ; la moindre erreur dans la forme

ou dans le langage pouvait entraîner la nullité du serment des témoins (1). Ainsi s'explique pourquoi, d'après les Assises de Jérusalem, les témoins avaient besoin d'un prolocuteur, et pourquoi ils disposaient par l'organe d'un conseil désigné par le seigneur justicier (2). Si le témoignage avait été donné dans la forme prescrite, la preuve était considérée faite et le juge devait rendre un jugement conforme à ce témoignage, sans tenir compte de sa conviction (3). Le serment des témoins pouvait être *faussé par gages de bataille*, comme nous avons déjà vu : le juge ordonnait et réglementait par un jugement les conditions du combat, et, dans ce cas, l'issue du procès dépendait du résultat de la lutte.

D'après les Assises de Jérusalem, lorsque le tribunal avait admis la preuve par témoins offerte par le demandeur, celui-ci devait amener ses témoins devant le tri-

____

(1) Brunner. *La Forme et la Parole dans l'ancienne procédure française.* Voyez *Revue critique de législ. et de jurisp.*, 1871-72.

(2) *Assises de Jérusalem*, Édit. Beugnot, t. 1, p. 124. Livre de Jean d'Ibelin, ch. LXXVII.

(3) Dans le droit franc, la preuve n'avait pas pour objet de former la conviction du juge, mais plutôt de démontrer à la partie adverse l'iniquité de sa résistance ou de son refus de reconnaître l'obligation. L'ancien droit français a emprunté de bonne heure au droit canon la *théorie des preuves légales*. D'après cette théorie, la déposition conforme de deux témoins avait pour effet de créer une sorte de conviction légale qui était imposée au juge. Ainsi peut s'expliquer pourquoi, d'après les *Assises de Jérusalem*, il fallait deux témoins.

bunal (en pleine cort). Un prolocuteur faisait la déclaration suivante : « Veez ci les garens de tel — et le « nome — que il a amenés por garantir ce que il a « offert à prover par eaus. Et ils sont prest de porter « la garantie et de faire que leaus garenz » (1). Après cette déclaration, le seigneur justicier choisissait parmi les gens de la Cour quelqu'un pour dire le témoignage, afin d'éviter les fautes que les témoins auraient pu commettre dans le langage, car la déposition devait concorder avec les termes dans lesquels avait été offerte la preuve. Le prolocuteur devait déclarer que les témoins ont *vu* et *entendu* le fait sur lequel porte le témoignage et qu'ils sont prêts à l'affirmer par serment. « Sire, — tel et tel est le nome — « voz dient et je por eus que ils furent en leuc et en « la place, ou ils virent tel chose faire et oïrent tel « chose dire (2). » Après cette déclaration, le juge invitait les témoins d'avancer et de prêter serment que les choses étaient telles que l'a déclaré pour eux le prolocuteur. « Venez avant et jurés que il est ensi « come vostre avanparlier a dit por vos. » Se conformant à cette invitation, les témoins devaient avancer l'un après l'autre pour prêter le serment. A ce moment, le défendeur, s'il voulait empêcher la preuve

(1) *Assises de Jérusalem* (Beugnot), t. I, p. 124. Livre de Jean d'Ibelin, ch. LXXVII.

(2) *Assises de Jérusalem* (Beugnot), t. I, p. 124. Livre de Jean d'Ibelin, ch. LXXVII.

testimoniale de se produire, devait prendre un des
témoins par la main droite et l'accuser de parjure.
« Lième sus car je t'en lieve comme faus et parjure
« et je suis prest que je mostre et preuve de mon
« cors encontre le tien, tout aussi comme la cort es-
« gardera et quant » (1).

Le témoin, pour n'être pas considéré convaincu
de parjure, devait accepter les gages de bataille ainsi
offerts. La Cour, par un jugement, déterminait les
conditions du combat, et l'issue du procès dépendait
du résultat de cette lutte (2).

Mais déjà au XIIe siècle, sous l'influence du progrès général des idées et des mœurs, le combat judiciaire commence à perdre du terrain. D'autre part,
la royauté prend des mesures pour que le combat
judiciaire ne soit autorisé qu'avec circonspection,
dans les tribunaux royaux (3).

(1) *Assises de Jérusalem* (Beugnot), t. I, p. 124. Livre de Jean
d'Ibelin, ch. LXXVII.

(2) La question de savoir à quel moment il fallait fausser le témoin était discutée par les jurisconsultes français de l'Orient.
Geoffroy le Fort et Philippe de Navarre soutenaient que le défendeur devait fausser le témoin avant de prêter serment. Les deux
Ibelin soutenaient que c'était après le serment ; mais avant que le
témoin se fût relevé. Beaumanoir, influencé par la théorie des
preuves légales, soutenait qu'on pouvait fausser le premier témoin,
même après son serment, mais non le second ; car dès que celui-ci
avait aussi prêté serment, il y avait deux témoignages et la preuve
était faite (*Ass. de Jér.* Edit. Beugnot, t. I, pp. 111, 441, 460,
483 ; — Beaum., LXI, 54, 46, t. II, 396).

(3) Dans l'ancien droit français, avant le XIIIe siècle, le combat

Au XIIIe siècle, le combat judiciaire a été formellement aboli dans les domaines du roi par une ordonnance de Saint-Louis.

« Nous deffendons les batailles par tout nostre domoine, en toutes quereles, mais nos n'ostons mie

judiciaire était employé pour fausser le serment des témoins, comme nous l'avons déjà vu. Mais il constituait aussi un moyen *direct et principal* de preuve, et le combat judiciaire trouvait son application indépendamment de la preuve testimoniale. Le demandeur, en faisant sa demande, pouvait offrir de la prouver au moyen du combat judiciaire. La partie adverse, pour ne pas perdre le procès, était forcée d'accepter les gages de bataille ainsi offerts, la Cour rendait un jugement qui fixait les conditions du combat et, dans ce cas, le résultat du procès dépendait de l'issue de la lutte. En principe, tout procès commencé devant la Cour féodale pouvait donner lieu au combat judiciaire, si l'intérêt engagé dépassait une certaine somme, cinq *solidi* (solds) par exemple, d'après les *Etablissements de Saint-Louis* (I, 116) et la *Compilatio de usibus Andegaviæ* (§ 32); car, d'après la procédure formaliste, lorsqu'une des parties s'offrait de prêter serment sur une question quelconque, l'autre partie pouvait l'attaquer comme parjure *chalonger la loy, lever l'autre comme parjure*. Le faussement de témoin par gages de bataille n'est peut être qu'une application de ce principe. Enfin nous ajoutons, que le combat judiciaire était encore employé pour *fausser un jugement*. L'ancienne procédure formaliste ne connaissait pas l'appel moderne, c'est-à-dire le recours qui porte l'affaire d'un juge inférieur au juge supérieur. Lorsqu'un des plaideurs était condamné, il pouvait accuser le juge ou les juges, qui avaient prononcé le jugement de parjures, en les provoquant au combat judiciaire. C'est la plainte connue sous le nom *d'appel de faux jugement* (Voyez Marnier, Établissements, Coutumes, Assises et Arrêts de l'Échiquier de Normandie, p. 23, et anciens Coutumiers de Picardie, p. 5; *Établissements de Saint-Louis*, liv. I, ch. LVI, LXXXVIII, EXXXV, LXXXVI; Beaumanoir, ch. LXII, LXIII, t. II. p. 407 et 417).

les clains, les respons, les contremanz, ne tous autres erremanz qui ont été accostumé en cort laic jusques à ores, selonc les usages de divers païs fors tant que nous en ostons les batailles ; et en leu de batailles nos metons prueves de tesmoinz et de chartres. Et si n'ostons mie les autres prueves bones et loiaus qui ont esté acostumées en cort laies jusques à ores (1). »

L'ordonnance ne trouva d'abord application que devant les tribunaux du roi, c'est-à-dire dans ceux où le roi rendait la justice par des hommes à lui, *baillis* ou *prévots*, et même, dans les domaines du roi elle n'était appliquée qu'en partie.

Ainsi s'explique pourquoi des coutumiers postérieurs à cette ordonnance parlent du combat judiciaire comme d'une institution encore existante (2)

D'après une opinion, on soutient que par cette ordonnanee, dite de 1260, Saint-Louis n'a prohibé le combat judiciaire qu'en matière criminelle, et qu'en matière civile, il a dû être aboli par une ordonnance antérieure qui serait celle relative à la procédure au Châtelet (3).

Nous pensons qu'il n'existe qu'une ordonnance

(1) La date de cette ordonnance est généralement fixée en 1260. Voyez pour le texte Viollet, *Établissement de Saint-Louis*, t. I, p. 487.

(2) Voyez Livre de J. et Plet ; *Établis. de St-Louis* (Viollet, t. I, p. 1 et s. q.)

(3) Voyez article de M. Guilhermoz dans la Bibliothèque de l'École des Chartes, t. XLVIII, pp. 117, s. q.

qui ait aboli directement le combat judicaire ; celle de 1260. Au XIIIᵉ siècle, en matière civile, le combat judiciaire avait perdu son importance, il n'était guère employé que pour fausser les témoins. Déjà, vers la fin du XIIᵉ siècle, le combat judiciaire était tellement en désaccord avec le progrès général des idées que souvent, à la Cour du roi, les gens de la cour, après avoir ordonné le combat, intervenaient auprès des parties pour s'arranger amiablement, et rendre le duel inutile, « *mediantibus, viris prudentibus, condicione data, in pacem convenerunt* (1) ».

Dans ces conditions, nous pensons que, pour écarter le combat judiciaire en matière civile, il a suffi à Saint-Louis d'introduire une nouvelle procédure pour la preuve testimoniale. Ce qui fut fait par l'ordonnance sur la procédure au Châtelet, dont les dispositions s'étendirent bientôt aux autres justices du domaine royal.

Dans les autres seigneuries, l'enquête de Saint-Louis ne pénétra que plus tard ; parfois elle était admise dans des cas déterminés, de telle sorte que les deux procédures étaient concurremment en vigueur devant le même tribunal.

En quoi se distinguait l'enquête de Saint-Louis de l'ancienne preuve testimoniale ?

La procédure suivie en matière de preuve testimo-

(1) Voyez Guérard, t. I, p. 378. Cf. Luchaire, *Institutions des premiers Capetiens*, t. I, p. 315.

niale devant les Cours féodales, était *orale publique*, et essentiellement *formaliste* (1). Elle se divisait en deux phases successives : la déposition des témoins, *dire la garantie*, et le serment des témoins *jurer la garantie*. Chacun de ces actes était sujet à des formalités de droit strict. La déposition devait concorder exactement avec les termes dans lesquels le témoignage avait été offert. Le témoin, en méparlant, pouvait entraîner la perte du procès et la nullité de sa déposition. De même son serment pouvait être nul pour faute commise dans le langage ou dans la forme. Ainsi, le témoin pouvait être récusé s'il avançait pour déposer avant d'être appelé.

Le serment des témoins pouvait être faussé par *gages de bataille*. Le faussement du témoin était un des actes les plus difficiles et les plus périlleux de la procédure formaliste. Le danger consistait principalement en ce que le moment décisif où l'appel doit intervenir pouvait facilement être négligé par mégarde ou irrésolution.

Dans l'enquête de Saint-Louis, au contraire, la procédure était *écrite, secrète* et libre de tout formalisme. Les témoins ne pouvaient plus être faussés par gages de bataille, mais les plaideurs avaient le droit de récuser les témoins qui leur semblaient suspects.

(1) Voyez Brunner, *La parole et la forme dans l'ancienne procédure française*. Traduction française dans la *Revue critique*, 1871-1872).

Lorsque la Cour ordonnait une enquête, elle nommait des auditeurs (enquêteurs) chargés de se rendre sur les lieux pour recevoir les dépositions des témoins et les constater par écrit (1). A cet effet la Cour baillait aux auditeurs les articles sur lesquels les témoins devaient être entendus. Ces articles étaient appelés *rebrices*, rubriques.

Devant les auditeurs, chaque partie devait, au préalable, formuler les causes de reproche en présence de l'autre partie ; quelquefois, les reproches pouvaient être réservés après l'enquête (2).

Avant de déposer, les témoins devaient prêter serment en présence des parties. Ensuite, les parties se retiraient et les auditeurs recevaient la déposition de chaque témoin en secret. « Et jurera chacun par soi et les doit oïr secrètement (3). »

Les auditeurs devaient dresser par écrit la déposition de chaque témoin. Si un incident survenait au cours de l'enquête, les auditeurs ne pouvaient juger ces incidents qu'autant qu'ils en avaient reçu pouvoir spécial. Enfin, l'enquête terminée, les auditeurs devaient la clore, la sceller et l'envoyer à la Cour (4).

La preuve, libre déjà des restrictions qui résul-

---

(1) Beaum., ch. XL, 4.
(2) Beaum., ch. XL, 28. XXXIX, 27, 28.
(3) *Etablis. de Saint-Louis*, Viollet, t. I.
(4) Beaum., ch. XL, 27.

taient pour elle du formalisme que nous avons
rencontré dans la formation des conventions,
libre aussi des restrictions qui lui ont été apportées
par le formalisme de la procédure, prend, à partir
du XIIIe siècle, un grand développement dans l'ancien droit français ; non seulement elle constitue un
moyen de preuve de droit commun en matière de
convention, mais, jusqu'au XVIe siècle, elle est même
préférée à la preuve littérale.

Il est vrai que Saint-Louis, dans son Ordonnance,
place sur le même pied la preuve littérale et la
preuve par témoins ; mais la défiance des écrits —
naturelle chez des hommes illettrés — est tellement
grande que chacun préfère la preuve testimoniale :
« Et s'il advient qu'en jugement, l'une partie se
« veuille ayder de lettres en preuve et l'autre partie
« se veuille ayder de tesmoings, tant solement sça-
« chez que la vive voix passe vigueur de lettres,
« si les tesmoings sont contraires aux lettres et ce
« doibt le juge plus arrester a la deposition des tes-
« moings qui, de saine memoire deposent et rendent
« sentence de leur deposition que a la teneur des
« lettres qui ne rendent cause (1) ».

La préférence, pour la preuve testimoniale, peut
s'expliquer aussi par la considération qu'en dehors
de sa popularité, elle était complètement organisée

____

(1) Bouteiller, *Somme rural*, liv. 1, p. 620 (Édition Charondas).

à cette époque, tandis que la preuve littérale se trouvait encore à l'état de formation.

<h3 style="text-align:center">§ II. — Caractère subsidiaire de la preuve littérale.</h3>

Dans l'ancien droit français, jusqu'au XVIe siècle, la preuve littérale n'a été que subsidiaire. On préférait la preuve par témoin et on admettait que lorsqu'une partie avait fait sa preuve par écrit, l'autre partie pouvait la combattre par témoins (1). Mais il ne faudrait pas conclure de là, dit M. Glasson, que les écrits étaient rares au moyen âge, « ils étaient « au contraire très fréquents, notamment en matière « de contrat et de transport de propriété, parce qu'on « les considérait alors autant comme une condition « substantielle de l'acte juridique que comme un « moyen de preuve (2) ».

A l'époque franque, quelquefois, on commençait une affaire comme d'habitude, devant des témoins convoqués *ad hoc*, et puis on faisait rédiger un compte rendu de l'acte juridique par un *cancelarius* ou *notarius* ou bien par une autre personne également convoquée et sachant écrire ; de la sorte on rédigeait la *notitia*, qui, par elle-même, ne possède

(1) Loysel, *Institutes coutumières*, liv. V, t. V, règle 5; Bouteiller, *Somme rural*, liv. I, tit. 106, p. 623.
(2) Glasson, *op. cit.*, t. VI, p. 553.

aucune force probante. Elle n'est que la relation d'un acte juridique, vente, donation, etc., ou investiture d'un bien antérieurement acquis par vente ou donation ; elle avait pour but de rappeler aux témoins les faits sur lesquels ils sont appelés à déposer.

Mais, en dehors des obligations verbales, le droit franc, tout aussi bien que l'ancien droit français, connaissait les conventions qui se forment par écrit (1).

D'après M. Brunner, les diplômes francs de droit privé se ramènent à deux types généraux : la *notitia* que nous venons de mentionner et la *carta* dont le type primitif est le *chirographum* romain emprunté au droit grec. La *carta* ou *epistola* est rédigée sur la requête de celui qui veut céder ou constituer un droit, puis elle est remise à l'autre partie qui la garde pour en faire usage au besoin. Cette remise est essentielle à la confection du diplôme ; c'est le signe matériel indispensable pour démontrer l'accord des volontés des parties. Cette *carta* ou *testamentum* indiquait un acte d'aliénation ou un contrat qui s'accomplissait au moment même et par l'effet de sa rédaction, mais qui ne devenait parfait que par la *traditio cartœ* dont il est souvent ques-

----

(1) Voyez M. Esmein, *op. cit.*, pp. 16, s. q. M. Glasson, *op. cit.*, t. III, c. 235, s. q.

tion dans les textes. Suivant M. Brunner, la clause *stipulatione subnexa* avait pour objet de constater la perfection de l'acte (1). Les témoins qui étaient présents devaient confirmer l'acte en le signant ou simplement en le touchant de la main, et la personne qui l'avait écrit devait mettre sa *subscriptio*.

La présence de témoins à la conclusion de contrats par écrit était nécessaire pour la preuve. Si le contrat venait à être contesté, sa sincérité devait être prouvée par les témoins qui l'avaient confirmé et par le scribe (2).

Quant à la force probante des actes écrits, il faut faire une distinction entre les actes authentiques et les actes sous seing privé. Quiconque présentait un acte authentique faisait par cela même sa preuve. La loi attachait aux actes authentiques une présomption de vérité comme aujourd'hui tous les actes du « *placitum palatii* de juridiction contentieuse, « comme les jugements de juridiction gracieuse, tels « que les affranchissements par le denier, étaient « manifestement authentiques par cela même qu'ils « étaient réputés rendus par le roi. Les jugements « des Tribunaux des comtes et des centeniers étaient « constatés par des écrits authentiques, ainsi que

(1) Voyez en même sens M. Glasson, *op. cit.*, t. III, p. 239 ; en sens différent, M. Esmein, *op. cit.*, p. 18-19.

(2) Loi ripuaire, tit. LVIII. Cf aussi tit. LIX, § 3.

« les actes de juridiction gracieuse accomplis devant
« eux (1) ».

Au contraire, l'acte privé n'était revêtu d'aucune
force probante à moins d'être reconnu par la partie
adverse : mais si l'adversaire contestait la sincérité
de l'écrit, le plaideur qui présentait l'écrit devait
établir que les choses s'étaient passées de la manière
indiquée par l'acte, c'est ce qu'on appelait *chartam
firmare* ou *clare facere* (2).

Dans l'ancien droit français nous trouvons bien les
chartes, et, à partir du commencement du XIIe siècle,
la preuve par écrit prit, à la cour du roi, une importance assez grande. « Les communautés ecclésiastiques, dit M. Luchaire, sans cesse en procès pour
des terres ou des droits qu'on leur disputait, pré-
sentaient leurs titres de propriété et les privilèges
pontificaux et royaux qui leur avaient été confé-
rés (3). » Mais la preuve qui en résultait pouvait être
combattue par la partie adverse, soit au moyen de
la preuve testimoniale, soit au moyen du combat judiciaire, comme à l'époque franque (4).

(1) Voyez M. Glasson, *op. cit.*, t. III, p. 501.
(2) Voyez M. Glasson, *op. cit.*, t. III, p. 503.
(3) Luchaire. *Institutions des premiers Capétiens*, t. I, p. 315.
(4) Dans le droit franc, la partie à laquelle on opposait l'écrit,
accusait le scribe et les témoins de parjure et, en même temps, il
perçait la *charte ;* c'est la *perforatio testamenti* dont parlent les
textes. D'après la loi ripuaire (tit. LVIII, § 5 et tit. LIX, § 3), les
témoins de l'acte et le *cancelarius*, assistés d'autant de *cojureurs*

Au temps de Beaumanoir, l'acte revêtu d'un sceau faisait pleine foi. Trois classes de personnes avaient des sceaux : les juges ecclésiastiques, les juges laïques, tels que les baillis, prévôts, échevins, c'est-à-dire les personnes qui ont une autorité publique, et enfin les gentilshommes. Ces derniers pouvaient donc, par eux-mêmes, dresser des actes qui faisaient pleine foi contre eux : « il poent « fere obligation contre, eus, par le tesmognage « de los seaus (1) ». Lorsque des personnes qui n'étaient pas nobles voulaient dresser un acte de leur convention, elles devaient s'adresser à une personne qui avait scel public : « hommes de poeste poent « fere reconissances de lor convenences par devant « lor segneurs dessoz qu'il sunt conquant et levant « ov par devant le sovrain (2) ».

Quelle était la force probante de l'article revêtu d'un sceau ?

L'acte revêtu du sceau d'un gentilhomme faisait

qu'il y a de témoins, affirment par serment la sincérité de l'acte. Celui qui a attaqué l'acte peut alors provoquer le scribe, ordinairement le *cancelarius*, au combat judiciaire. D'après la loi salique (*Extravagantes*, III, IV, chez Merkel), la partie qui a attaqué l'acte doit produire contre les témoins de l'acte, d'autres témoins ; mais alors la partie qui a présenté l'acte pouvait offrir le combat judiciaire, et la lutte s'engageait entre l'un des témoins qui prétendaient l'acte sincère et l'un de ceux qui le disaient faux (Cf. Glasson, *op. cit.*, t. III, p. 504).

(1) Beaum., XXXV, 10.
(2) Beaum., XXXV, 18.

pleine foi contre lui s'il le reconnaissait : mais si le gentilhomme niait son sceau, le demandeur devait faire la preuve de la sincérité de l'acte par témoins (1). L'acte revêtu d'un scel public, appelé par Beaumanoir *lettres de baillie*, faisait pleine foi en justice, sans qu'il ait besoin d'être reconnu par la partie obligée.

Le débiteur pouvait seulement alléguer qu'il avait payé ou bien qu'on lui avait accordé, par exemple, un terme, « paiement, quittance ou respit (2) », et dans ce cas il était admis à prouver par témoins ses allégations.

Au temps de Bouteiller, la preuve littérale s'est modifiée. Il n'est plus nécessaire d'être gentilhomme et d'avoir un sceau pour donner un titre faisant foi contre soi : « Tu peux et doibs scavoir que l'écriture qui est faicte de aucun par sa main vaut contre luy, mais pour luy ne vaut, si comme je promets à payer à autre aucun don et je lui en baille lettres écrites de ma main, scachez que ce luy vaut preuve (3) ».

D'après Bouteiller, l'acte écrit faisait pleine foi contre la partie qui l'avait écrit si l'acte avait été fait en présence de témoins, et seulement pendant la vie de ces témoins. Après la mort des témoins l'acte était considéré comme n'ayant jamais existé. « La pre-

---

(1) Beaum., XXXV, 4.
(2) Beaum., XXXV, 6-9.
(3) Bouteiller. *Somme rural*, liv. I, tit. 106, p. 620 (édit. Charondas).

« mière manière si est comme lettre qui est faicte,
« passée et accordée d'entre les parties et de leur
« consentement contenant le contract entre icelles
« parties et est tout ce faict et passé par devant sin-
« guliers tesmoins qui a ce sont especialement ap-
« pelez, et de lettres escrites par main privée c'est
« a dire par clerc qui n'est notaire ne tabelion et
« cette lettre faicte, porte foy tant que les tesmoins
« vivent; mais eux morts la vigueur de tel instru-
« ment et de la lettre est expirée (1) ».

Lorsque l'acte a été écrit en l'absence de témoins,
il n'a aucune force probante à moins d'être reconnu
par la partie qui l'a écrit.

L'acte revêtu du scel d'un gentilhomme n'a pas
disparu après l'introduction de l'acte écrit. Ils se
conservèrent tous les deux dans l'ancien droit français ; mais ils n'avaient aucune force probante à
moins d'être reconnus par la partie obligée. Le débiteur obligé sous son scel privé « doit confesser
ou nyer son scel », dit Jacques d'Ableige au
XIVe siècle (1).

L'écriture privée, de même, n'avait aucune force
probante, comme l'atteste Dumoulin, au XVIe siècle :
« *Scriptura privata de se neque probat, neque*
« *præjudicat, etiam inter easdem partes, et si est*
« *omni allio adminuculo destituta, teneo, quod*

—————

(1) *Grand cout. de France*, II, XV.

« *nullum gradum probationis facit nec etiam*
« *simplicem præsumptionem* (1) ».

Mais au XVIe siècle, la pratique, pour assurer aux
conventions une preuve plus stable au moyen de
l'écriture privée, a admis que le signataire d'un acte
privé pouvait être forcé de se présenter en justice
pour reconnaître ou nier son écriture (2).

Si le débiteur reconnaissait l'écriture comme sienne,
l'acte ainsi reconnu avait pleine force probante :
« *Chirographum, cedula sive apocha in judicio*
« *recognita plene probat* (3) ».

Si le débiteur niait son écriture, on pouvait prouver par témoins qu'elle était sienne, et, dans ce cas,
l'acte avait pleine force probante. *Testes de scrip-*
tura deponentes illam dicentes esse scripturam
Caii plene probant (4).

A partir de l'ordonnance d'Orléans (1560), on exi-
gea aussi la signature dans l'acte privé (5), et l'ordonnance de Moulins (1566) a assimilé le sceau à la
signature privée (6).

---

(1) Dumoulin, *Cout. Paris*, art. 8, glossa, 1, n° 11.

(2) Voyez M. Esmein, *op. cit.*, pp. 214-215.

(3) Rebuffe, *Commentarii, in constitutiones seu ordinationes
regias.* Edit. Lugd 1599, t. 1. *De chirographo recognitione*,
p. 114.

(4) Rebuffe, *De chirographo recognitione*, p. 166, n° 33.

(5) Orléans, janvier 1560, art. 84.

(6) Boiceau, *Traité de la preuve par témoins*, art. LIV, 2e partie, n° 2, Ed. 1738.

Depuis, les actes privés (sceau ou signature) ne firent foi qu'à la condition d'être reconnus en justice ou passés devant notaire (1).

Bouteiller connaît aussi les actes authentiques (instrument public), c'est-à-dire ceux qui sont munis d'un sceau public, tels que les actes revêtus du sceau royal, du sceau d'une ville ou d'un seigneur justicier. Il considère encore comme authentiques les actes notariés passés en présence de témoins. Ces derniers, à la différence des actes privés, gardent leur force probante, même après la mort des témoins.

« La seconde manière de faire lettres et instru-
« ments publiques n'est ni comme lettre qui s'assied
« d'entre les parties par lettres faictes par devant
« notaire ou tabellion publique qui est appelées
« main publique, et signée de son seing manuel en
« présence de tesmoins à ce appellez. Et supposés
« que les tesmoins denommez en cette lettre et ins-
« trument allassent de vie à trespas, pour ce en de-
« meureroit que la lettre et instrument ne vaille et
« tienne lieu puisque de main publique serait signée.
« Car supposé que nul tesmoin n'y eust, fors le si-
« gne publique, si doit il valoir (2). »

(1) Voyez M. Beaune, *op. cit.*, p. 64.
(2) Bouteiller, *Somme rural.* liv. I, tit. 107, p. 635. Cf. tit. 106, p. 620, sq. Voyez M. Glasson, *Hist. du Dr. et Inst. de la France*, t. VI, p. 558.

Dans le midi de la France, les notaires n'ont pas cessé d'exister depuis l'empire romain ; mais dans les pays coutumiers ils ne furent créés qu'au XIIIe siècle (1). Les actes passés devant notaire avaient pleine force probante ; c'est pourquoi on a commencé à passer les actes les plus importants de la vie civile, transports de propriété, conventions, etc., devant eux. Le ministère des notaires se généralisa de bonne heure au détriment de la preuve par *record*, qui devint de plus en plus rare.

Nous n'allons pas suivre pas à pas la marche des actes authentiques dans l'ancien droit, nous nous contenterons de remarquer que dans le dernier état du droit français, le *caractère* authentique, ne fut attribué qu'aux actes de l'autorité publique et à ceux dont les parties avaient confié la rédaction à un notaire.

D'après ce que nous venons de voir, la preuve littérale n'est que subsidiaire. Lorsque l'une des parties avait établi une convention par la preuve littérale, la partie adverse pouvait la combattre par la preuve testimoniale. « Témoins de vive voix détrui- « sent les lettres (2). »

Pendant que la preuve littérale n'est que subsidiaire, la preuve par témoins est en plein développement ; mais il faut remarquer que les causes qui

____

(1) Glasson, *op. cit.*, t. VI, p. 447.

(2) Faber, *ad legem, 15, au Code. De fide instrumentorum.*

ont produit son extension devaient amener fatalement son affaiblissement. Nous avons vu qu'avant le XIIIe siècle le témoignage n'est compris que comme attestation de personnes ayant assisté à la convention à prouver (témoins instrumentaires). Cette preuve est une preuve préconstituée. On n'entend par témoins que ceux qui ont assisté ou participé à la convention, et qui en sont constitués les garants. Mais, nous avons vu, déjà au temps de Beaumanoir, apparaître les témoins modernes ; on ne demande plus que les témoins aient assisté à la formation même du contrat, on se contente simplement de deux témoins oculaires.

La preuve devient alors plus étendue, mais aussi elle perd de sa force, elle donne prise aux abus. Quand le témoignage portait sur un acte, il était facile de démasquer le faux témoin. Plus tard le témoignage portant sur des faits moins définis, le faux témoignage devient plus insaisissable.

La deuxième cause qui contribua à rendre la preuve testimoniale plus incertaine fut la suppression du duel judiciaire et l'établissement de l'enquête secrète.

Le secret de l'enquête ne pouvait, évidemment, que favoriser la hardiesse des faux témoins, qui eussent reculé peut-être devant le scandale, s'ils eussent été contraints de déposer en public.

La hardiesse des faux témoins ne pouvait qu'augmenter d'autre part, car elle manquait de sanction. Chaque plaideur a le droit de récuser les témoins de son adversaire pour de bonnes raisons (1), mais la sanction féodale était assurément plus efficace.

SECTION III

DE LA PREUVE TESTIMONIALE DANS LA PROCÉDURE DES JUSTICES D'ÉGLISE.

Dans les Justices d'église, on ne trouve aucune trace du formalisme rigoureux que l'on peut constater devant les Cours féodales ; l'enquête a toujours eu lieu en secret et par écrit.

D'autre part, l'influence des canonistes a certainement été très grande, pour faire admettre le principe de la force obligatoire des conventions, par le seul consentement.

Enfin, le juge d'église apparaît comme ayant plus de latitude pour donner au témoin un rôle plus voisin du rôle du témoin moderne.

Nous retrouvons ici les causes que nous avons signalées, comme ayant déterminé l'affaiblissement de la preuve par témoins. Il n'apparaît pas cependant que

____

(1) Glasson, *op. cit.*, t. VI, p. 541.

la preuve par témoins ait encouru, dans son exercice auprès des justices d'église, les mêmes critiques que devant les justices laïques.

Nous allons indiquer les règles qui régissent la preuve testimoniale devant les justices d'église, puis, dans la section suivante, nous exposerons les motifs qui nous paraissent avoir rendu, devant les justices laïques seulement, la preuve par témoins, onéreuse et peut-être dangereuse ; nous constaterons que ces motifs visent moins la preuve elle-même que la procédure de cette preuve et l'organisation de la justice.

Devant les officialités, la partie qui avait l'intention de produire des témoins à l'appui de ses prétentions était tenue d'indiquer à l'autre partie les points sur lesquels devaient porter les dépositions de ces témoins.

« Après la prestation de serment avait lieu l'interrogatoire qui, dans la procédure de Justinien, se passait en présence des deux adversaires. Au contraire, dans la procédure civile et canonique du moyen âge, malgré l'opinion de quelques docteurs, et notamment d'Accurse, les témoins étaient entendus hors de la présence des parties. Cela semblait nécessaire pour assurer l'indépendance de leurs dépositions (1). »

Le juge interrogeait le témoin sur chacun des arti-

____

(1) Paul Fournier. *Les officialités au Moyen âge*, p. 190.

cles proposés et ne manquait pas de s'informer de la
source de ses renseignements (*quomodo scit*). Mais
il avait une grande latitude dans la direction de
l'interrogatoire, et pouvait poser toutes les questions
qui lui semblaient utiles sans être tenu de se renfer-
mer dans le cadre tracé par les *interrogatoria* (1).

Cette preuve était soumise cependant à des conditions restrictives.

Un fragment de l'évangile selon saint Mathieu ser-
vit de prétexte pour demander qu'au moins deux témoins déposent dans le même sens. Loysel dit :
« Voix d'un, voix de nun. » Un seul témoin ne pouvait
suffire pour faire preuve complète, sauf exception
fort rare.

Les dépositions de deux témoins produits par l'une
des parties n'avaient aucune valeur si elles se contre-
disaient. Si elles s'accordaient entre elles, le juge y
devait conformer sa sentence ; toutefois les jurisconsultes ne lui en faisaient pas une obligation stricte ;
il fallait que lui-même s'y sentît enclin : *si motus
animi judicis cum his concurrit.*

« Si deux témoins produits par une partie se con-
tredisent, leurs dépositions n'ont aucune valeur. Si
plus de deux témoins sont produits, et qu'il y ait désaccord entre eux, le juge suit les dépositions de ceux
qu'il estime les plus sûrs, fussent-ils les moins nom-

____

(1) P. Fournier, *op. cit.*, p. 191.

breux : *non enim ad multitudinem testium respici oportet, sed ad sinceram fidem eorum.* On peut reconnaître ici, dit M. Paul Fournier, le principe du droit ecclésiastique, qui est de se rapporter en général non pas à la décision de la majorité numérique, mais à celle de la *major et sanior pars.*

« Quand des témoins ont été produits par les deux parties, le juge s'attache à concilier leurs dépositions. S'il n'y réussit pas, il apprécie les témoignages ; certaines règles lui sont tracées à cet effet. Ainsi de deux témoins dont les dépositions sont contradictoires, il préférera le plus âgé ou le plus élevé en dignité. Enfin, s'il ne trouve pas de motifs sur lesquels il puisse établir sa décision, il absoudra le défendeur ; ou bien si l'une des parties mérite particulièrement la faveur, il lui donnera gain de cause (1) ».

De plus, en principe, le témoignage ne pouvait servir de base à la preuve, qu'autant que les témoins déposaient des faits qu'ils avaient perçus *propriis sensibus.*

Chaque partie avait le droit de reprocher les témoins de son adversaire pour des causes déterminées (2). Mais ce qu'il importe de remarquer, c'est que les motifs d'exclusion des témoins devaient être proposés ou réservés avant le commencement de l'enquête.

(1) Paul Fournier, *op. cit.*, p. 193 et 194.
(2) Glasson. *Hist. du Droit et Inst. de la France*, 1. VI, p. 540.

« Avant de déposer, les témoins prêtent serment
de dire la vérité. Les parties sont appelées à assister
à la prestation de serment des témoins ; chacune fait
alors valoir les motifs à raison desquels elle demande
l'exclusion de tel ou tel témoin ; elle ne pourra combattre plus tard l'admission d'un témoin que si elle
s'en est réservé le droit par une protestation formelle,
ou encore si la discussion porte sur des faits nouveaux
ou récemment venus à la connaissance de la partie
qui les invoque (1). »

Enfin les dépositions des témoins devaient faire
l'objet d'une *publicatio*. Ainsi que le dit M. Guilhiermoz : tandis que dans la procédure romaine les témoins déposaient en présence des deux parties, dans
la procédure canonique, au contraire, pour mieux
assurer leur indépendance, on les entendait en secret,
mais leurs dépositions, une fois reçues et mises en
écrit, devaient être *publiées*, c'est-à-dire lues à
haute voix aux parties (2).

---

(1) Paul Fournier. *Les officialités au Moyen âge*, p. 190.
(2) Guilhiermoz. *Enquêtes et procès*, p. 73.

SECTION IV

INCONVÉNIENTS ET DISCRÉDIT DE LA PREUVE TESTIMONIALE AU COMMENCEMENT DU XVIe SIÈCLE.

Nous avons étudié les causes qui, suivant nous, ont contribué à l'extension de la preuve testimoniale et nous avons signalé l'affaiblissement qui devait en résulter pour elle.

Nous avons fait remarquer que ces deux causes pouvaient aussi bien exercer leur influence dans la procédure des justices d'églises que dans la procédure des cours laïques.

L'effet des dépositions des témoins était déterminé, dans les deux justices, par le système des preuves légales ; les inconvénients étaient les mêmes.

Peut-être, il est vrai, pourrions-nous constater une cause de supériorité, quant à la procédure canonique, en ce que les frais et les délais étaient diminués, par ce fait que la procédure canonique n'admettait que trois productions de témoins et que les *contredits* avaient été supprimés.

Le juge de l'officialité, en effet, après trois productions, faisait comparaître les parties pour obtenir d'elles la renonciation à toute production future, ou leur accorder, s'il y avait lieu, une quatrième production (1) ; encore cette quatrième production n'était-elle accordée que sous certaines restrictions (serment de celui qui la demandait).

D'autre part, ainsi que le fait remarquer M. Guilhiermoz, une des causes, et non la moindre, de cette rapidité était qu'à la Rote on avait supprimé les plaidoiries que permettait encore la procédure canonique ordinaire, à savoir les *contradictoria,* dans lesquels les avocats discutaient les moyens de preuve apportés par la partie adverse. Aussi le cardinal de Luca estimait-il que ce tribunal expédiait plus d'affaires en un mois que ne le faisaient en une année les tribunaux qui suivaient aussi la procédure canonique, mais qui avaient conservé l'usage des *contradictoria* (2).

Mais il n'est pas sûr que cette dernière réforme, la plus importante, ait été mise en vigueur dans toutes les justices d'églises.

Il faut chercher ailleurs les motifs de cet affaiblissement de la preuve testimoniale devant les justices laïques, et ces motifs se trouvent, croyons-nous, dans les abus qu'engendra la procédure écrite devant

(1) Paul Fournier. *Les officialités au Moyen âge,* p. 191.

(2) Guilhiermoz. *La persistance du caractère oral dans la procédure civile française. Nouv. Revue hist.* 1889, p. 43, note 2.

ces juridictions et aussi dans la mauvaise organisation de la justice.

Les abus qu'engendra la procédure écrite proviennent surtout de ce que la réforme de Saint-Louis a été mal exécutée par ses successeurs ou du moins de ce que cette réforme a eu pour résultat, dans la suite des temps, de rendre la procédure écrite indispensable, alors que Saint-Louis avait voulu conserver à la procédure son caractère oral.

Saint-Louis, tout en s'inspirant de la législation canonique, n'avait pourtant pas admis les formes de cette enquête, mais, vers le XIV⁰ siècle, les pratiques des cours d'Église sont presque entièrement passé dans les juridictions laïques. « C'est donc seulement d'une manière progressive, dit M. Glasson, que s'introduisit le système du droit canonique, et encore le Parlement repoussa-t-il quelques-unes de ses pratiques. Alors aussi le mot *enquête* changea de sens et, désormais, on entendit par *enquête* et *procès* l'instruction par écrit dans laquelle étaient d'ailleurs produits tous les moyens de preuve, aussi bien les chartes que les témoins (1). »

Il en résulte que le débat oral et l'instruction par écrit se trouvèrent superposés dans toute procédure devant les cours laïques, ce qui était une source de frais et de retards.

(1) Glasson, *op. cit.*, VI, p. 542.

« Avant d'arriver à la véritable procédure écrite
avec l'appointement en faits contraires, il fallait pas-
passer par une série de formalités qui prenaient souvent plusieurs années, ajournement, présentation,
plaidoiries multiples, appointement au Conseil, ou,
plus fréquemment encore, appointement par manière
de mémoire, c'est-à-dire premier appointement en
écritures, tout cela sans parler des exceptions et des
innombrables barres que le défendeur ne manquait
pas de soulever, et dont la solution nécessitait souvent le passage par le même dédale de formalités (1). »

L'enquête nécessitait des écritures multipliées, exigeait matériellement des délais considérables et en-
traînait par suite des frais énormes.

Les ordonnances de la fin du XVe siècle et du commencement du XVIe, et, en particulier, la grande ordonnance de Villers-Cotterets, de 1539, apportèrent
de notables modifications à la procédure suivie jusqu'alors. Elles accélèrent d'une manière notable la
marche du procès, en supprimant les délais frustra-
toires du début de l'instance et en obligeant l'enquête
de l'affirmation des faits offerts en preuve et des
délais de productions. « On ne se figure aisément,
dit M. Tanon, quelles ressources offrait à la chicane,

____

(1) Guilhiermoz. La persistance du caractère oral dans la procédure civile française. *Nouvelle Revue historique*, 1889, p. 44
et 45.

malgré les abréviations de délais, une procédure dans laquelle on pouvait embarrasser le jugement d'une affaire, non seulement au fond, mais encore sur les incidents d'enquêtes multiples, sur les faits offerts en preuves et même dans certains cas sur les coutumes alléguées » (1).

Le préambule de l'ordonnance de Moulins d'août 1546, nous indique d'une manière saisissante les abus qui se commettaient (2) :

Pour M. Tanon : « La grande réforme, celle qui

(1) Tanon. L'ordre du procès civil au XIVe siècle. *Nouvelle Revue historique*, 1885, p. 657.

(2) « Comme il nous soit venu par cy devant, et vienne encores continuellement infinies plaintes de la part de tous les estat de nostre royaume, tant de la multiplication des procez et la plupart desquels procez sont fondez en pures civillations, les autres en choses quasi de néant : qu'aussi semblablement des longueurs et embrouillement qui s'y font, par le dol et malicieuses inventions des praticiens, qui tiennent comme une banque de tromperie, et mauvaise foy, et constituent le principal de leur art à prolonger et obscurcir les procez, introduire et multiplier incidens sur incidens, sur tous lesquels les parties sont contraintes obtenir autant d'arrests, et sur l'exécution d'iceux tout de nouvel, s'y forment autres procez et incidens, qui remettent quelquefois les pauvres parties au bout de trente ans en plus grande contreverse et involution qu'elles ne furent onecques, dont advient que la principale substance de tous nosdits subjects, soit de ceux qui obtiennent, comme de ceux qui succombent, finalement est fondue et consumée ès mains des juges, procureurs et advocats, qui par tels moyens s'enrichissent des misères, despenses, travail et vexation de nosdits subjects, ou communément ils se trouvent estre encourus par l'avarice et malice de ministres et instrumens de justice plus que par leur propre faute ».

fit le plus pour l'abréviation des procès et la bonne administration de la justice, fut celle qui supprima l'enquête elle-même, sauf dans les petites affaires » (1).

Ceci est une grosse erreur à nos yeux. Qu'une réforme fût nécessaire, cela ne fait pas de doute. Mais ce n'est pas en supprimant l'enquête, ce n'est pas en enlevant aux parties une preuve aussi utile que la preuve par témoins, qu'on facilitait au juge les moyens de découvrir la vérité. Ce n'est pas l'enquête qu'il eût fallu supprimer, c'est la procédure de l'enquête qu'il eut fallu réglementer mieux ainsi que l'avait fait la Rote (2), c'est surtout l'organisation de la justice qu'il eût fallu modifier.

C'est M. Tanon lui-même qui nous donne un tableau pittoresque des abus qui se commettaient à cette époque, non seulement dans les enquêtes, mais d'une manière générale dans l'administration de la justice.

« On peut juger, dit M. Tanon, de ce qu'ils étaient ou pouvaient être dans les petites juridictions, par le tableau qui nous est fait, au XIVe siècle, des officiers mêmes du Châtelet. Le prévôt de Paris abandonnait ses plaids à ses lieutenants et n'avait souci que du profit des exploits. Son clerc faisait durer les procès

<hr>

(1) Tanon. L'ordre du procès civil au XIVe siècle. *Nouvelle Revue historique*, 1885, p. 657.

(2) Voir plus haut, p. 65.

aussi longtemps qu'il voulait et se livrait à des extorsions dont le prévôt avait lui-même sa part. Ses enquêtes étaient commises à toute espèce de gens qui n'avaient jamais fréquenté un tribunal, à des usuriers, à des personnes diffamées ou qui avaient été convaincues de grosses faussetés : aussi n'était-il pas rare de voir de tels enquêteurs travestir les dépositions et faire dire aux témoins toute autre chose que ce dont ils avaient déposé (1) ».

De tous ces abus qui étaient imputables, nous le répétons, à la procédure d'une part, et à la mauvaise organisation de la justice d'autre part, il en résulta naturellement un très grand discrédit pour la preuve testimoniale.

Ce discrédit de la preuve testimoniale tendit à mettre en première ligne la preuve par écrit, et un changement complet s'accomplit dans la valeur relative de ces deux preuves.

Le premier adage correspondant au temps de faveur de la preuve testimoniale était : *Témoins passent lettres*. Le deuxième adage correspondant au temps de défaveur croissante dit : *Lettres passent témoins*.

Cette maxime : *Lettres passent témoins* a une double signification : 1° S'il existe un écrit, il n'est pas possible de démentir ce que cet écrit est destiné

<hr>

(1) Tanon. L'ordre du procès civil au XIVᵉ siècle. *Nouvelle Revue historique*, 1885, p. 313.

à prouver; 2° Elle signifie que les parties doivent passer acte des conventions importantes.

C'est la réforme qu'allait accomplir l'ordonnance de Moulins en 1566.

CHAPITRE II

DE LA PREUVE TESTIMONIALE DANS LES ORDONNANCES DE
1566 ET DE 1667 JUSQU'AU CODE CIVIL.

Nous avons expliqué que la preuve par témoins
telle que nous pouvons la concevoir s'était dégagée
au cours de l'époque féodale sous l'influence de
la transformation des principes qui régissent la formation des contrats.

Nous avons vu aussi que la preuve par témoins,
mal administrée en présence d'une organisation dé-
fectueuse de la justice, souleva des critiques sérieuses; mais, nous le répétons, ces critiques sont
plutôt dirigées contre la procédure de cette preuve
ou contre l'organisation judiciaire de cette époque
que contre la preuve elle-même.

L'organisation judiciaire ne fut pas touchée cependant, et la procédure ne fut que timidement réformée.

Dans la théorie des preuves, des changements bien
plus graves furent apportés par les ordonnances
royales. « L'écriture s'étant répandue et la corruption
des témoins ayant soulevé des plaintes générales,

l'ordonnance de Moulins décida au seizième siècle, qu'à l'avenir la preuve par écrit formerait la règle ; la preuve par témoins devint l'exception et il fut même interdit de combattre les écrits par des témoins (1). »

Quant aux enquêtes, elles se firent toujours par écrit et en secret : l'ordonnance de 1667 se borna à interdire les enquêtes à futur et les enquêtes par turbe.

SECTION I

ORDONNANCE DE 1566.

C'est l'article 54 du célèbre édit de Moulins de février 1566 qui, en ordonnant de passer acte de toutes choses dépassant la valeur de cent livres, prohiba la preuve testimoniale dans toutes les affaires dont l'intérêt dépassait cette somme : « Pour obvier à la multiplication des faicts que l'on ha veu ay devant estre mis en avant en jugement, subjects à preuve de tesmoins et reproches d'iceux, dont adviennent plusieurs inconvéniens et involution de procès : Avons ordonné et ordonnons que doresna-

(1) Glasson. *Les sources de la procédure civile française*, p. 95.

vant, de toutes choses excédans la somme et valeur de cent livres, pour une fois payer, serait passez contracts par devant notaires et tesmoins, par lesquels contracts seulement sera faicte et receue toute preuve ès dictes matières, sans recevoir aucune preuve par témoings, outre le contenu au contract, ne sur ce qui serait allégué avoir esté dict ou convenu avant iceluy, lors et depuis. En quoy n'entendons exclure les preuves des conventions particulières et aultres qui seroient faictes par les parties sous leurs seings, sceaux et escriptures privées. » (1)

C'est le Parlement de Toulouse qui avait sollicité cette réforme ; Maynard nous explique de la manière la plus précise comment le Parlement de Toulouse a été amené à présenter les remontrances à ce sujet au roi Charles IX.

« Es années dernières, qui auraient précédé l'an 1566, advenu souvent en ladite Cour de Tholose, qu'aucune des parties y plaidans et en cause d'importance se trouvant fondées par leurs intentions par actes et instruments publiques et autentiques, les autres à qui elles avaient affaire les ayant veus par la communication qui leur en aurait esté faite, contredisans à iceux mettoient plusieurs faits en avant

____

(1) Géraud de Maynard. La seconde partie des notables et singulières questions de droit escrit, decidees et jugees par arrêts mémorables de la Cour souveraine du Parlement de Tholose, 1608, p. 245 et suiv.

directement contraires ausdicts actes et instruments,
et tellement perninens qu'après un appoinctement de
contraires ordinaire surce ils les vérifioient et prou-
voient aussi bien qu'avaient esté posez et articulez,
et encore mieux quelques fois : de mesme quand aucune mesme desdites parties après la contestation en
cause ordinaire avoit prouvé suffisamment par tesmoins les faits principaux concernans leurs intentions, les autres parties ayans articulé au contraire,
vérifioient suffisamment de leurs faits encores que
contraires aux susdits, et respectivement après ayans
baillez objects, et iceux receus, et admis à vérifier,
ils en justifioient de mesmes jusques là, que sur le
poinct du jugement du procez, les juges se trou-
voient en telle peine et troubles de leurs consciences
qu'ils ne savoient la pluspart du temps de quel costé
se tourner : cognoissans, sentans et flairans bien la
mauvaise odeur si bien couverte qu'il en sortoit par
les extremitez mesmes où ils voyoient les affaires,
n'ayans moyen toutesfois de parvenir à la descou-
verte qu'ils eussent désiré, et contraincts suivre les
reigles générales prescrites par les droicts en tels et
semblables conflicts et contrarietez de preuves, au
profit toutesfois d'iceluy, qui à la vérité n'y avait aucun droit de sa part (1) », et, pour obvier à tant
d'inconvénients, la Cour, ajoute Maynard, « auroit

(1) Maynard, *op. cit.*, p. 246.

délibéré à la première occasion d'en faire remons-
trances au Roy et à son Conseil privé, dit à présent
d'Estat, pour par sa Majesté et de son authorité y
estre pourveu, fait et donné un règlement général,
ce qu'elle auroit exécuté en bien peu de temps en
ayant donné charge, et expresse commission entre
autres mémoires à MM. les feus premier président
Daffis et de Sabatier, sieur de la Bourgade, un des
plus anciens conseillers appelez et députez pour l'as-
semblée des Estats assignez à tenir à Moulins, ou aux
ordonnances que par le feu roy Charles neuviesme y
furent faites audit an 1566, au mois de février, sur
la proposition et remontrance desdits SS. députez de
ladite Cour fut faite l'Ordonnance entre autres dont
nous parlerons en temps et lieu, contenue au 54ᵉ article d'icelles, portant que pour obvier à la multiplication des faits que l'on auroit veu cy devant estre
mis en avant en jugement subject à preuve de tesmoins et reproches d'iceux, etc. (1) ».

Nous devons bien faire remarquer que, dans le
texte de l'Ordonnance, pas plus que dans le commentaire de Maynard, qui constitue pour nous les
travaux préparatoires de l'Ordonnance, il n'est question de subornation de témoins.

Le but de l'ordonnance est d'éviter, nous dit l'article 54, « la multiplication des faits que l'on a vu être

____

(1) Maynard, *op. cit.*, p. 247.

mis en avant en jugement, sujets à preuve de témoins et reproches d'iceux, dont adviennent plusieurs inconvéniens et involutions de procès. »

Ceci, nous montre bien que ce n'était pas la preuve par témoins que l'on voulait prohiber ; ce que l'on voulait éviter c'étaient les enquêtes interminables, les incidents multipliés et les involutions de procès.

Sans doute la preuve testimoniale devait nécessairement être fort incertaine à cause des lenteurs de la procédure ; il est évident qu'au bout de plusieurs années, les témoins pouvaient être morts, ou leurs souvenirs n'étaient-ils plus aussi précis. Mais il eût suffi de restreindre les délais, de supprimer les incidents que les parties pouvaient soulever sur la discussion des reproches ou les contredits, enfin de rendre l'enquête purement orale en précisant avec soin les faits sur lesquels les témoignages étaient appelés, pour rendre la preuve testimoniale acceptable et sûre.

Mais il eût fallu pour cela réformer la procédure et transformer l'organisation judiciaire : il eût fallu pour cela restreindre les profits des gens de justice et porter atteinte à la vénalité des charges de justice. Les magistrats qui sollicitèrent la réforme ne pensèrent qu'à restreindre la preuve testimoniale.

Quoiqu'il en soit, nous devons rechercher quelle était la portée de cette réforme dans l'esprit de ceux qui l'avaient provoquée, et ce qu'elle est devenue dans la jurisprudence des Parlements.

Cette disposition contenait, en somme, deux règles :

1re règle : Il faut passer contrat par devant notaire et témoins de toutes choses excédant cent livres pour une fois payer ;

2e règle : Par ces contrats, preuve sera faite esdites matières, sans recevoir aucune preuve par témoins, outre le contenu au contrat, ni sur ce qui serait allégué avoir été dit ou convenu avant, lors ou depuis ce contrat.

Cet article s'éloigne de la disposition du droit romain, dit Boutaric, en ce qu'il rejette la preuve vocale en toutes choses excédant la somme et valeur de cent livres, parce qu'il est décidé en la Loi 15, au Code, *de fide instrumentorum. In exercendis litibus, omnem vim obtinere fides instrumentorum, et depositiones testium.* Mais il est conforme au droit romain, en ce qu'il rejette la preuve vocale contre et outre le contenu aux actes, parce qu'il est décidé en la Loi première, au Code, *de testibus : contra scriptum testimonium, non scriptum testimonium non fieri* (1).

Aussi certains auteurs avaient-ils cherché à donner à l'ordonnance une portée restreinte.

Plusieurs ont cru, dit Merlin, que l'objet et l'esprit du dernier étaient seulement de défendre la preuve par témoins dans les cas où il y aurait des actes rédi-

____

(1) Boutaric. *Explication de l'ordonnance de Louis XIV sur les matières civiles*, 1743, p. 190.

gés par écrit ; c'est ce qu'ils inféraient de ces termes :
« sans que les juges puissent recevoir aucune preuve
par témoins outre le contenu en iceux », et en conséquence ils soutenaient qu'on devait être admis à
prouver par témoins tous les contrats et actes dont
il n'y avait aucun écrit.

Mais les Commentaires de Maynard et de Boiceau
ne peuvent laisser de doute sur l'existence des deux
règles que nous avons indiquées dans l'article 54 de
cette Ordonnance de 1566.

Sur la première règle, cependant, nous devons
constater que le Parlement de Toulouse, qui, cependant, avait sollicité la réforme, entendait lui donner
une interprétation restrictive et l'appliquer seulement aux contrats, pour une fois payer ; tandis que le
Parlement de Paris entendait l'appliquer de la manière la plus large à tous les contrats, sans exception
et même aux testaments.

C'est ainsi que le Parlement de Toulouse avait refusé d'appliquer l'Ordonnance aux dépôts volontaires,
tandis que le Parlement de Paris, au contraire, dans
un arrêt prononcé en robes rouges, décida que la
preuve testimoniale ne pouvait être autorisée pour
prouver un dépôt volontaire (1).

Il avait été admis aussi que l'Ordonnance ne pouvait être regardée comme un obstacle à l'admission

____

(1) Conférence des Ordonnances, sous le titre de témoins et
preuves. Article 8.

de la preuve testimoniale dans les cas où il y avait un commencement de preuve par écrit. Mais nous mentionnons que ni l'Ordonnance de Moulins, ni celle de 1867, n'avaient expressément demandé la personnalité de l'écrit (1).

Sur la deuxième règle, des difficultés analogues s'étaient produites. Maynard nous rapporte une déclaration faite par la Cour de Toulouse d'après laquelle « l'Ordonnance de Moulins n'a lieu sinon ès pactes accessoires alleguez, non escripts, et non ès pactes principaux (2) ». Il admettait aussi que les faits de dol, fraude, simulation pouvaient être prouvés par témoins contre les contrats produits (3). Mais il reconnaissait que « l'acte déclaré faux ne pouvait être receu a prover et vérifier par tesmoins quant au principal (4) ».

Papon nous cite aussi deux arrêts du Parlement de Toulouse qui montrent bien l'interprétation restrictive que cette cour entendait donner à cette règle qu'elle considérait comme exceptionnelle (5).

Le Parlement de Paris, au contraire, dans son interprétation extensive, appliquait l'ordonnance aux testaments et même à la preuve des payements.

(1) Pothier, *Traité des Obligations*, no 807.
(2) Maynard. VI. Chap. 84.
(3) Maynard. VI. Chap. 79.
(4) Maynard. VI. Chap. 77.
(5) Papon. *Recueil d'arrêts notables de Cours souveraines*. (Édit. Chenu, 1607), p. 514.

Les affaires commerciales en étaient exceptées cependant, mais en vertu de l'édit de 1563 qui, depuis, a été étendu à tout le royaume.

L'édit de novembre 1563 qui créait la juridiction des juges et consuls de Paris « sur la requeste et remontrance faite au Conseil du roy, de la part des marchands de la bonne ville de Paris, et pour le bien public et abréviation de tous procès et différens entre marchands qui doivent négocier ensemble de bonne foy, sans estre adstraints aux subtilitez des loix et ordonnances », disait dans son article 5 : « Si les parties sont contraires et non d'accord de leurs faits, délay compétent leur sera préfix à la première comparution, dans lequel ils produiront leurs témoins qui seront ouïs sommairement; et sur leur déposition le différend sera jugé sur le champ, si faire se peut, dont nous chargeons l'honneur et conscience desdits juges et consuls ».

« A l'égard de tous les marchés faits ès foires ou ailleurs, des choses meubles qui excèdent la valeur de cent livres, suivant les termes généraux de l'Ordonnance : *De toutes choses qui excèdent cent livres,* car la signification de ce mot *choses,* mentionné en l'Ordonnance, étant d'une étendue sans bornes, comprend les choses meubles, ou qui se maintiennent par elles-mêmes, et celles qui sont immeubles, et tous les droits corporels, incorporels ou mixtes, c'est pourquoi attendu qu'il y a partie de raison, qui est la crainte de la subornation de témoins, j'estime, dit Boiceau, que l'Ordonnance y doit avoir lieu (1).

On ne peut alléguer, ajoute Boiceau, la difficulté de trouver des notaires, parce que s'il y a un grand nombre de foires, il y a aussi à présent un grand nombre de notaires dans les moindres bourgs et villages ; c'est pourquoi ceux qui trafiquent dans les foires feront plus prudemment (surtout quand ils veulent faire crédit à quelqu'un) d'en passer un acte devant notaire, car autrement ils seront sujets à la prohibition de l'ordonnance, comme je l'ai vu pratiquer en plusieurs cas semblables (2).

Telle était la portée de cette réforme et les divergences d'opinion qu'elle suscita. Nous devons signaler qu'elle ne fut pas accueillie par tous avec faveur.

Il ne faudrait pas croire que cette prescription ait été accueillie avec une grande faveur. « Nous voyons, dit M. Tanon (3), par un auteur contemporain, qui a donné un commentaire remarquable de cette disposition nouvelle, qu'elle parut au plus grand nombre, dure, haineuse et contraire au droit, « *plerisque visa est, et dura, et odiosa, et juri contraria* ». On préférait le témoignage, *viva vox*. aux titres, témoins muets, *surda testimonia*, au papier *qui*

____

(1) Boiceau. *Traité de la preuve par témoins*. Première partie, chapitre XI, § 4, p. 206.

(2) Boiceau, *op. cit* , p. 207.

(3) Tanon. L'ordre du procès civil au XIVᵉ siècle. *Nouvelle Revue historique*, 1885, p. 657, 658.

souffre tout, « *Chartam vel hœdinam pellem om-
nia perpeti* ». On ajoutait qu'il faudrait, pour être
en état de satisfaire toujours à la loi, se faire accom-
pagner partout d'un tabellion : « *dura sanctio.... :
scilicet ut, non nisi circumducto ubique locorum
tabellione, de re quacumque centum libros exce-
dente pacisci liceat. Quod certe adeo difficile vi-
detur ut impossibilitati comparari debeat.* »

Nous ne voulons pas revenir sur la discussion de
l'opportunité de cette réforme, mais nous pouvons
remarquer que les principales sources de retard et
de frais dans la procédure de la preuve n'avaient pas
disparu. Les *interdits* ou contredits subsistaient
ainsi que les répliques, et c'était là précisément,
nous l'avons dit, ce qui rendait la preuve testimoniale si lente, si coûteuse et si incertaine. De même
rien n'était changé au système des preuves légales.
En effet, ce n'est que depuis la Révolution qu'a été
consacré le principe de l'intime conviction. M. Glasson remarque, d'ailleurs, avec raison que le Code
de procédure a eu le tort d'emprunter à l'ancien
droit, l'enquête secrète et écrite. On comprend encore moins, ajoute M. Glasson, qu'il ait donné place
à la théorie des reproches qui s'explique sous le système des preuves légales, mais qui n'a plus aucune
raison d'être, du moment que le juge pèse les témoignages au lieu de les compter (1).

(1) Glasson. *Les sources de la procédure civile française*, p. 95.

SECTION II

ORDONNANCE DE 1667.

Nous avons vu que l'Ordonnance de Charles IX n'avait pas été acceptée par tous avec faveur ; néanmoins le Parlement de Paris donna à la règle de prohibition de la preuve par témoins une interprétation extensive et c'est cette jurisprudence qui triompha.

Quand l'ordonnance de 1667 sur la procédure civile fut rédigée, on se préoccupa de rendre la procédure de l'enquête moins lente et moins coûteuse, ce qui était un progrès, mais on ne pensa pas un seul instant à rétablir la preuve testimoniale.

Pour rendre l'enquête moins lente et moins coûteuse, l'ordonnance établit des délais assez brefs pour l'ouverture et la clôture des enquêtes (titre XXII), et elle supprima les interdits.

Avant l'ordonnance de 1667, lorsque les parties étaient contraires en faits, il y avait des formalités à observer ; avant d'accueillir ou rejeter la demande en preuve, on réglait les parties à écrire : celui qui posait les faits qu'il voulait prouver donnait des écritures qu'on appelait des *interdits,* son adversaire fournissait des réponses, on en venait à des répliques ; cette procédure était toujours chargée, quoique l'Ordonnance de 1539, aux articles 42, 43 et 44, eût pris des précautions pour l'empêcher.

D'après l'Ordonnance de 1667, on est obligé de poser les faits qu'on veut prouver d'une façon plus simple : on les libelle purement et simplement dans une requête, on doit les articuler d'une façon précise et ne demander à prouver que ces espèces de faits que l'Ordonnance de 1539, à l'article 42, appelle positifs et probatifs ; car c'est de ceux-là que l'article 1er du titre XX de l'ord. de 1667 entend parler et celui qui s'oppose à la preuve doit aussi proposer brièvement ses exceptions, démontrer, s'il le peut que les faits que son adversaire articule sont étrangers et inutiles, non décisifs dans la cause, parce qu'en ce cas la preuve ne doit point être admise : *non admittitur probandam quod probatum non relevat* (1).

Le titre XX de l'ordonnance de 1667 a pour titre : des faits qui gissent en preuve littérale ou vocale.

Dans son article premier, ce titre décidait : « Voulons que les faits qui gissent en preuve soient succinctement articulés, et les réponses sommaires sans alléguer aucune raison de droit, interdisant toutes répliques et additions ; et défendons d'y avoir égard

____

(1) L'Ordonnance de 1667, mise en pratique suivant la jurisprudence et l'usage du Parlement de Toulouse, p. 335 et 336.

et de les mettre en taxe, ni les comprendre dans les frais et salaires des Procureurs, le tout à peine de répétition du quadruple ».

Mais, en ce qui concerne l'admissibilité de la preuve testimoniale, les principes restèrent les mêmes : l'ordonnance de 1667 aggrava même la rigueur de la prohibition.

L'article 2 du titre XX décide : « Seront passez actes par devant notaire, ou sous signature privée, de toutes choses excédant la somme ou valeur de cent livres, même pour dépôts volontaires, et ne sera reçue aucune preuve par témoins contre et outre le contenu aux actes ni sur ce qui serait allégué avoir été dit avant, lors ou depuis les actes, encore qu'il s'agit d'une somme ou valeur moindre de cent livres, sans toutefois rien innover pour ce regard en ce qui s'observe en la Justice des Juges et Consuls des Marchands ».

L'ordonnance de 1667 consacre donc les deux règles déjà émises par l'ordonnance de 1566, mais en les rendant plus générales ; nous pouvons formuler ainsi désormais ces deux règles :

Première règle. Il faut passer *acte* de toutes choses excédant la valeur de cent livres, *même pour dépôts volontaires.*

Deuxième règle. Aucune preuve par témoins ne sera reçue contre et outre le contenu aux actes, ni sur ce qui serait allégué avoir été dit avant, lors ou depuis les actes, *alors même qu'il s'agirait d'une somme ou valeur* moindre de cent livres.

Aussi les modifications qu'elle apporte à la précédente sont d'ordre secondaire. Ainsi : 1° En 1566 il était dit : « De toutes choses seront passés contrats ». On avait conclu que les actes qui n'étaient pas des contrats, comme les résolutions conventionnelles des contrats, les paiements, échappaient à l'application de l'Ordonnance. Pour éviter toute discussion, l'ordonnance de 1667 a substitué au mot *contrat* le mot *acte* qui a une portée plus générale ; — 2° Bien que l'Ordonnance de Moulins eût ordonné de passer contrat de toutes choses excédant 100 livres et que le dépôt volontaire ne dût pas tomber sous l'application de cette règle, on alléguait que celui qui prie son ami de se charger de la garde de choses qu'il lui confie, n'ose pas ordinairement demander une reconnaissance à son ami qui ne se charge de ce dépôt que pour lui faire plaisir (1) ; — 3° L'ordonnance de Moulins défendait la preuve testimoniale seulement *outre* le contenu aux actes. L'ordonnance de 1667 formula la prohibition aussi *contre* le contenu aux actes et *encore qu'il s'agisse d'une somme ou valeur moindre de 100 livres* (2) ; — 4° L'Ordonnance de 1566 n'avait pas excepté expressément les juridictions

____

(1) Pothier. *Traité des Obligations*, n° 821.

(2) Voyez Rodier. *Questions sur l'Ordonnance de Louis XIV du mois d'avril 1667*, p. 280.

consulaires des restrictions qu'elle apportait à la preuve testimoniale ; mais malgré ce silence les juges consuls s'étaient maintenus dans leurs usages. L'Ordonnance de 1667 consacre l'exception en termes formels : « Sans toutefois rien innover en ce regard en ce qui s'observe en la justice des Juges et Consuls des Marchands ».

Remarquons, de plus, que les mots : toutes choses qui se trouvent dans les deux ordonnances ne signifient nullement : *omnes res nostras*.

Il ne s'agit que de faits juridiques susceptibles d'être constatés par écrit.

Quand la loi a voulu qu'il fût passé acte de toutes choses excédant la valeur de cent livres, disait l'avocat général Joly de Fleury, le 2 août 1706, elle n'a pu certainement comprendre dans sa disposition que les choses dont on peut passer des actes, c'est-à-dire des choses qui tombent en convention, qui peuvent faire la matière d'un contrat. La loi, toujours sage dans ses dispositions, n'a pas voulu réduire les hommes à pratiquer une chose impossible ; c'est pour cela que les choses qui ne peuvent se rédiger par écrit, qui ne sont susceptibles de convention, n'ont jamais été comprises dans cette disposition : tels sont tous les faits qui arrivent entre une ou plusieurs personnes au préjudice d'un tiers qui n'a pu être partie ; tels sont, en particulier, tous les délits qui, bien loin de pouvoir faire la matière d'un acte,

se commettent toujours avec la précaution du secret,
sous le voile duquel on cherche à éviter la punition
que les crimes peuvent mériter. Que si dans ce cas
il n'est pas possible d'avoir des actes pour le prouver et que la première disposition de l'Ordonnance
ne puisse avoir lieu, on ne peut douter que la seconde disposition n'y ait encore application; elle ne
défend la preuve par témoins que parce qu'elle enjoint de passer des actes; elle ne peut donc la défendre
dans les cas où il n'est pas possible d'avoir cette
sûreté.

Mais la règle s'appliquait aux distrats aussi bien
qu'aux contrats, et la jurisprudence avait admis que
les payements ne pouvaient être prouvés par témoins
s'ils excédaient la somme ou la valeur de cent livres.

C'était l'opinion de Rodier et celle de Merlin.

Suivant Rodier, quoique le payement soit un fait,
et comme l'on dit *distractus,* non *contractus,* on ne
doit point recevoir la preuve par témoins d'un payement excédant cent livres ni la preuve du payement
de plusieurs sommes, chacune moindre de cent livres (1).

On peut établir pour principe général, dit Merlin,
que celui qui a pu se procurer une preuve par écrit,
ne doit pas être admis à la preuve testimoniale pour
les choses qui excèdent cent livres en France et trois

____

(1) Rodier. *Questions,* p. 280 et 281.

cents florins dans les Pays-Bas. On dit *pour les choses* et non *pour les conventions* ; car quoique l'ordonnance de Moulins et l'édit perpétuel semblent faire entendre que les conventions sont seules assujetties à la défense d'admettre la preuve testimoniale au-delà des sommes fixées par ces lois, on y a également compris toutes les choses qui, sans appartenir à la classe des contrats, sont néanmoins de la nature de celles dont on peut se procurer une preuve par écrit au moment où elles se passent. Ainsi, quoique le payement d'une dette ne soit pas une convention, on ne laisse pas d'en rejeter la preuve par témoins lorsque la somme excède le taux légal, parce que le débiteur qui paye peut tirer quittance. Tel est l'usage constant des Pays-Bas, et cela ne souffre plus de difficulté en France depuis l'ordonnance de 1667, dans laquelle on a évité de se servir du mot *contrat* (1).

Quant à la deuxième règle, d'après laquelle on ne peut prouver par témoins, contre ni outre le contenu aux actes, elle était aggravée par la nouvelle Ordonnance.

Le projet de l'Ordonnance portait dans un article 6 « Aucune preuve par témoins, même au-dessous de la somme et valeur de cent livres, ne pourra être reçue contre une preuve par écrit ».

(1) *Répertoire de jurisprudence*, par Guyot (1784). V° Preuve, p. 577.

Cet article a été supprimé ; mais l'on a inséré une partie de sa disposition dans l'article 2, et on y a ajouté que : encore qu'il s'agit d'une somme ou valeur moindre de cent livres, il ne serait reçu aucune preuve par témoins contre et outre le contenu aux actes.

Cette prohibition était entendue en ce sens que la preuve par témoins ne pouvait pas être admise pour rendre plus claires les conventions constatées par écrit.

Mais cette règle ne devait pas empêcher de prouver par témoins la date de l'acte. D'après Danty, l'acte non daté constituait un commencement de preuve par écrit qui autorisait la preuve testimoniale.

Quant au paiement il y avait controverse, mais la jurisprudence, après quelque hésitation, avait décidé que l'Ordonnance devait lui être appliquée.

« La disposition de l'ordonnance qui défend la preuve par témoins contre et outre le contenu aux actes ne reçoit ici aucune application, dit Pothier, car le débiteur, en demandant à prouver ce paiement, ne demande pas à prouver rien qui soit contre l'acte qui renferme son obligation ; il n'attaque point cet acte, il convient de tout ce qui y est contenu : ce n'est donc point une preuve contre l'acte qu'il demande à faire, de laquelle on puisse dire que l'ordonnance l'a exclu.

« Cependant, ajoute Pothier, je vois que dans l'usage, soit par une mauvaise interprétation qu'on a donnée à l'Ordonnance, soit pour quelqu'autre raison, on refuse la preuve testimoniale des paiements d'une dette dont il y a un acte par écrit. »

§ II.

Ces règles si sévères comportaient cependant, un certain nombre d'exceptions :

a) Une première exception, relative aux affaires commerciale, avons-nous vu, était inscrite dans le dernier alinéa de l'article 2 du titre XX de l'Ordonnance de 1667, qui déclare ne rien innover pour ce regard, en ce qui s'observe en la justice des juges et consuls des marchands.

C'est l'ordonnance de 1563 (1) qui réglait la question de l'admissibilité de la preuve par témoins devant cette juridiction : la preuve par témoins y était admise sans restrictions. Mais il faut remarquer que les juges de commerce avaient pleine liberté d'admettre ou non, suivant ce que leur dictait leur conscience, la preuve par témoins.

(1) L'art. 1 (Titre XII) de l'ordonnance du commerce de mars 1673 déclarait : « Communs pour tous les sièges des juges et consuls, l'édit de leur établissement dans la bonne ville de Paris, du mois de novembre 1563, et tous autres édits et déclarations touchant la juridiction consulaire, enregistrés en les cours de Parlement. »

Rodier nous donne à ce sujet une observation utile
à noter.

« On y admet souvent la preuve par témoins, en
choses excédant cent livres et l'Ordonnance a déclaré
ne vouloir rien innover à cet égard. Il semble néanmoins, qu'il n'y a pas moins à craindre qu'on n'admi-
nistre des faux témoins dans les affaires de commerce
et devant les consuls, peu faits à l'examen de ces
témoins, que dans les affaires ordinaires, devant les
autres juges ; et si la bonne foi est l'âme du commerce
ces sortes de preuves ne la discréditent-elle pas ? Les
juges et consuls de Toulouse usent rarement de cette
liberté d'admettre à la preuve par témoins dans les
affaires excédant cent livres, ils aiment mieux se déterminer sur les circonstances, sur la bonne renom-
mée et le serment de l'une des parties » (1).

Quant aux marchés qui se font de marchands à
marchands, soit dans les foires, soit hors des foires,
les juges consuls qui en connaissent ne sont point
astreints à la disposition de l'ordonnance, dit Pothier, et peuvent, *selon les circonstances*, en admettre la preuve par témoins, quoique l'objet excède
la somme de cent livres.

Les juges consuls s'étaient maintenus dans cet
usage, dit Pothier, malgré l'ordonnance de Moulins ;
celle de 1667 les y maintient expressément par ces

(1) Rodier, *op. cit.*, p. 282.

termes à la de l'art. 2, titre XX (1) : *sans rien innover pour ce regard en ce qui s'observe en la
justice des juges et consuls des marchands.*

Mais doit-on regarder comme affaires de commerce
où l'on puisse admettre la preuve au-dessus de
cent livres, celles qui se font dans les foires et marchés (2) ?

Danty, dans son commentaire sur l'ouvrage de
Boiceau, approuve l'opinion contenue dans les marchés entre non-commerçants. Il est certain, dit-il,
que ce que décide Boiceau touchant les conventions
faites durant les foires, doit avoir lieu partout, quand
la convention excède cent livres, suivant l'Ordonnance de Moulins et celle de 1667, ainsi qu'a remarqué Vrevin, parce que cette ordonnance est générale
pour toute espèce de conventions : il n'y a que dans
la juridiction des consuls, entre marchands, qu'on
admet la preuve par témoins de la livraison et du
payement des marchandises, parce que ces deux ordonnances n'y sont pas observées à la rigueur ; celle
de 1667 n'ayant point dérogé en cela à leur usage,
comme elle le marque expressément (3).

Pothier, reproduit aussi l'opinion de Boiceau. On
a fait la question, dit-il, si les marchés faits dans les

(1) Pothier. *Traité des obligations*, n° 753.
(2) Voyez Rodier, *op. cit.*, p. 282.
(4) Danty sur Boiceau. Additions au chap. IX, § 6, Première
partie, p. 21.

foires et marchés doivent être compris en la disposition de l'ordonnance.

La raison de douter était que les marchés se font
ordinairement verbalement, qu'on n'a pas un notaire
présent lorsqu'on les fait, pour les rédiger par écrit.
Néanmoins, on a décidé que ces marchés doivent y
être compris, parce que ayant aujourd'hui des notaires établis dans les plus petits lieux, et par conséquent dans tous les lieux où se tiennent les foires, il
n'est pas trop difficile aux parties, lorsqu'elles font
un marché à crédit, d'appeler un notaire pour le rédiger, si elles ne savent pas écrire ; c'est l'avis de
Boiceau, I, 9 (1).

b) Deux autres exceptions sont contenues dans
l'article 3 du titre XX de l'ordonnance de 1667. La
première concerne le dépôt nécessaire ; la seconde
vise les cas où il y a un commencement de preuve
par écrit.

L'article 3 est ainsi conçu :

« N'entendons exclure la preuve par témoins pour
dépost nécessaire en cas d'incendie, ruine, tumulte
ou naufrage, ni en cas d'accidents imprévus, où on
ne pourroit avoir fait des actes, et aussi lorsqu'il y
aura un commencement de preuve par écrit ».

Si, les dépôts nécessaires sont exceptés de la règle

____

(1) Pothier, *op. cit.*, n° 753.

ordinaire, dit Boutaric, c'est parce que, comme il est dit en la loi 1, de *exercitoria actione : in his locus, vel tempus non patitur plenius deliberandi consilium.*

Avant cette ordonnance et malgré la prohibition générale de l'Ordonnance de Moulins, ajoute Boutaric, on ne faisait pas difficulté de recevoir la preuve vocale en des cas si favorables (1).

Quant au dépôt volontaire nous savons qu'il y avait eu controverse.

Nous avons dit plus haut que, malgré l'opinion de Cujas et la jurisprudence du parlement de Toulouse, le parlement de Paris avait admis que le dépôt volontaire ne pouvait être prouvé par témoins ; nous avons vu aussi que l'article 2 du titre XX de cette Ordonnance de 1667 avait fait cesser toute controverse à ce sujet en appliquant expressément au dépôt volontaire la règle prohibitive de la preuve par témoins.

c) La troisième exception est relative aux cas où il y a un commencement de preuve par écrit.

Il faut savoir, dit Danty (2), ce que l'ordonnance de 1667 appelle précisément un commencement de preuve par écrit : or, il est certain, que toute écriture privée

______

(1) François de Boutaric. *Explication de l'Ordonnance de Louis XIV sur les matières civiles* (1743), p. 192.

(2) Danty sur Boiceau. *Traité de la preuve par témoins* (1738), p. 452.

de l'un de ceux qui a intérêt dans le fait qu'il s'agit de prouver, quand cette écriture concerne précisément le fait en question, est un commencement de preuve par écrit, supposé, néanmoins, qu'on puisse présumer qu'elle a été écrite avec réflexion.

Rodier donne du commencement de preuve une définition analogue.

On peut appeler ainsi, dit Rodier, tout acte ou toute écriture de la part des parties du procès, ou autres intéressés, d'où il résulte quelque preuve, quoique non suffisante, de la demande formée : et pour le dire en un mot, c'est une preuve commencée, mais preuve par écrit. L'Ordonnance n'a rien fixé de plus ; elle a laissé aux juges à déterminer de quelle qualité devait être ce commencement de preuve par écrit, cela n'est pas facile (1).

Guyot, dans son répertoire, nous montre bien aussi par sa définition que le commencement de preuve par écrit était loin d'être défini comme il est dans le Code.

« On entend, par commencement de preuve, des indices qui font présumer la vérité d'un fait ou d'une promesse dont la certitude n'est pas encore suffisamment établie. Les indices par écrit se peuvent manifester, non seulement par des lettres missives, mais encore par des journaux de fournitures et de livrai-

---

(1) Rodier, *op. cit.*, p. 285. Conf. Claude de Ferrière. *Le nouveau praticien* (1681), p. 275.

D. 7

sons, par des déclarations faites dans le cours d'une procédure, par des énonciations contenues dans des actes qu'ont passés de tierces personnes (1) ».

Si nous rapprochons toutes ces définitions de celle que nous donne l'art. 1347, nous constatons que les anciens auteurs étaient loin d'avoir de ce commencement de preuve par écrit une notion aussi précise que celle qui nous est donnée par le Code Civil. Nous verrons plus loin si la jurisprudence actuelle a maintenu cette rigoureuse définition.

d) Une autre exception est indiquée par l'art. 4 du titre XX de l'Ordonnance, mais nous pouvons remarquer qu'on pourrait rattacher au dépôt nécessaire le dépôt que nous indique cet article.

L'article 4 du titre XX de l'Ordonnance de 1667 contient une autre exception pour les dépôts faits en logeant dans une hôtellerie entre les mains de l'hôte ou de l'hôtesse ; mais il est remarquable que l'Ordonnance, à cet égard, n'enjoint pas aux juges de recevoir la preuve par témoins, mais leur permet seulement de la recevoir suivant les qualités des personnes et les circonstances du fait (2).

Le dépôt que fait le voyageur entre les mains de l'hôte est regardé comme une espèce de dépôt nécessaire, mais il ne serait pas juste que sous ce pré-

______

(1) Guyot. *Répertoire alphabétique* (1784), t. IV, p. 45 et 46. V. commencement de preuve, art. de Dareau, avocat.

(2) Boutaric, *op. cit.*, p. 193 et 194.

texte on abandonnât les hôtes à la discrétion de toute
sorte de gens qui viennent loger chez eux ; il est de
la prudence des juges de recevoir ou de rejeter la
preuve des témoins, suivant les différentes circonstances des personnes, des temps et des choses.

Rodier assimile le chargement confié à des voituriers, messagers ou maîtres de bateaux, aux dépôts
faits dans les hôtelleries et, par suite, admet la preuve
par témoins (1). Il faut remarquer, cependant, qu'une
ordonnance de mai 1635 et d'autres ordonnances antérieures obligeaient les voituriers d'avoir des livres.
On devait avoir soin, quand on leur donnait quelque
chose à voiturer, d'en faire charger leur livre (2).

e) En dehors des exceptions visées directement
par les articles 2, 3 et 4 du titre XX de l'ordonnance,
il faut citer encore :

1° Le cas où il s'agit de prouver les quasi-contrats,
délits ou quasi-délits.

Suivant le sentiment de tous les auteurs et la jurisprudence des arrêts, cette ordonnance et celle de
Moulins n'empêchent pas qu'on ne puisse être reçu à
prouver par témoins le vol, la fraude et la simulation d'un contrat, surtout lorsque la preuve est demandée par un tiers lésé.

Le dol est une exception à toutes les règles, dit

____

(1) Rodier, *op. cit.*, p. 287.
(2) Jousse. *Commentaire sur l'ordonnance d'avril 1667 (1767).*
t. II, p. 308.

Rodier ; ainsi, quand il y a des soupçons de dol, et qu'on veut prouver ce dol, on admet la preuve vocale, quoiqu'il s'agisse de plus de cent livres, ou des faits qui sont contre ou outre le contenu aux actes. On admet à la preuve vocale dans le cas où on oppose des faits d'usure ou lorsque l'obligation est pour argent de jeu. Le Roi n'a pas jugé à propos d'en parler expressément, mais on voit, dans le *procès-verbal des conférences*, que cela a été laissé à la prudence des juges (1).

D'Aguesseau justifiait ainsi l'admission de la preuve testimoniale pour prouver la fraude : « 1° S'il était défendu d'admettre cette preuve, la loi se désarmerait elle-même et se mettrait dans l'impuissance de connaître le crime qu'elle veut réprimer. Le danger de la fraude, qui serait ainsi toujours impunie, est encore plus grand, que celui de la séduction des témoins que la justice ne manquerait pas de punir ; 2° La fraude, est un genre de crime et le crime se prouve par témoins ; 3° La fraude cherche toujours à se cacher, et il serait souvent impossible de la connaître sans prendre cette voie.

4° Le cas où, il s'agit de prouver le contenu de titres, perdus ou détruits.

5° Enfin, d'une manière générale, tous les cas où il a été impossible de se procurer une preuve écrite,

---

(1) Rodier, *op. cit.*, p. 282.

notamment tous les cas où il s'agit de faits passés entre les tiers (1). »

Enfin l'ordonnance de 1667 indiquait, dans les articles 5 et 6 du même titre, certaines mesures destinées à assurer l'observation des règles précédentes.

Aux termes de l'article 5 du titre XX de l'ordonnance de 1667 : « Si dans une même instance la partie fait plusieurs demandes, dont il n'y ait point de preuve ou commencement de preuve par écrit, et que jointes ensemble, elle soient au-dessus de cent livres, elles ne pourront être vérifiées par témoins, encore que ce soit diverses sommes qui viennent de différentes causes et en différents temps, si ce n'était que les droits procédassent par succession, donation ou autrement des personnes différentes ».

Cet article, dit Boutaric, a été ordonné pour obvier aux fraudes, mais on a justement excepté le cas auquel les droits procèdent par succession, donation ou autrement des personnes différentes, parce qu'alors ce sont autant de droits séparés, autant d'actions qui ont un titre différent, et qui, par là, n'ont rien de commun ensemble quoiqu'on en fasse la demande par un même exploit (2).

Aux termes de l'article 6 du titre XX de l'ordonnance de 1667 : « toutes les demandes, à quelque

____

(1) Cf. Rodier. Boutaric (1743), Jousse (1767), Merlin (1784).
(2) Boutaric, *op. cit.*, p. 195.

titre que ce soit, qui ne seront entièrement justifiées par écrit, seront formées par un même exploit, après lequel les autres demandes dont il n'y aura point de preuve par écrit ne seront reçues. » (1)

Cet article était destiné à prévenir les fraudes que l'on pourrait faire pour éluder l'exécution de l'article 5, en proposant plusieurs demandes au-dessous de cent livres, non pas dans une même instance, mais successivement l'une après l'autre.

SECTION III

TRAVAUX PRÉPARATOIRES DU CODE CIVIL.

Nous avons dit, et nous insistons sur ce point, que la principale cause de l'incertitude et du danger de la preuve testimoniale se trouvait dans les complications de la procédure qui permettaient d'accumuler incidents sur incidents, et d'engendrer ainsi des frais énormes et des retards considérables.

C'est là la principale cause de la réforme de 1566 ; Boiceau ne nous laisse aucun doute à cet égard (2). Or, la Révolution avait supprimé la procédure écrite.

(1) Boutaric, *op. cit.*, p. 196.
(2) Voyez Boiceau. *Traité de la preuve par témoins* (édition Danty, 1738, p. 20, 21.

D'après la loi brumaire an II, les tribunaux statuaient
sur défenses verbales ou sur mémoire présenté par
les parties. Bien que la loi n'eût pas exigé la publicité, les enquêtes se faisaient publiquement à l'audience. C'est dans ces circonstances que le tribunal
de district de Gournay ordonna une audition de témoins en audience publique ; la partie contre laquelle
se faisait l'enquête dénonça cette décision à la Convention. Celle-ci déclara que le jugement qu'on lui
déférait était conforme à l'esprit de la loi du 3 brumaire an II, et pour ne laisser aucun doute sur le
véritable sens de la loi, la Convention décréta : « A
l'avenir, en toutes matières civiles dont la connaissance appartient aux tribunaux de district et sans
aucune distinction, les témoins seront entendus à
l'audience publique, en présence des parties intéressées, ou elles dûment appelées ».

D'autre part, les abus des gens de justice n'étaient
plus à redouter, puisque la vénalité des offices avait
été supprimée et que les juges élus devaient, dans la
conception des législateurs de cette époque, avoir
plus de désintéressement et mériter plus de confiance.

Les deux causes qui avaient rendu la preuve testimoniale incertaine et suspecte avaient disparu.

Etant données les idées de la Révolution, on pouvait croire que le législateur rendrait à la preuve
testimoniale son importance, en assurant aux parties

la liberté de choisir leur mode de preuve et en donnant aux juges le droit de baser leurs jugements sur
les dépositions de témoins qu'on n'oserait suspecter.

Il n'en est rien : on est même surpris de constarter que c'est précisément à cette époque, où l'on
parlait d'une rénovation du genre humain, qu'il est
surtout question du danger de recourir au témoignage des hommes, par crainte de leur mauvaise
foi ou de leur subornation.

Pas une voix ne s'est élevée pour réclamer, au
nom des plaideurs, la liberté d'invoquer le témoignage des hommes.

Pas un législateur n'a essayé de rechercher si les
causes qui avaient rendu nécessaire la réforme de
1566, existaient encore.

Cambacérès, dans le discours préliminaire sur son
troisième projet, exposait que la preuve par témoins,
qui est toujours si incertaine et si équivoque, ne saurait être admise contre la teneur d'un acte, ni au-
delà de ce qu'il contient ; ses effets doivent être
restreints aux faits dont il a été impossible de s'assurer la preuve par écrit, aux contestations moins
importantes et qui doivent être terminées avec célé-
rité, aux cas où cette preuve se fortifie au moyen de
quelques écrits qu'elle développe et qu'elle explique.

(1) Fenet. I, p. 174.

Cambacérès avait même conservé à la preuve son caractère de preuve légale (1).

Dans le projet définitif, ce caractère de preuve légale, ne subsiste plus et c'est là la grande réforme du droit moderne : le juge moderne ne compte plus les témoignages, il ne doit plus rendre de décision qu'en suivant son intime conviction.

C'est un immense progrès, mais combien il est regrettable que le législateur soit resté complètement indifférent sur la question, si importante cependant, de l'admissibilité ou de l'exclusion de la preuve testimoniale !

Cette même indifférence se retrouve dans tous les tribunaux qui ont eu à émettre un avis sur le projet du Code civil qui leur avait été soumis.

Nous ne trouvons là que des critiques de détail :

1° Sur la fixation du montant de la somme au-dessous de laquelle la preuve testimoniale serait admissible.

Le tribunal de cassation propose de porter au moins à deux cents francs la somme, passé laquelle il serait nécessaire de rédiger acte écrit d'une convention (2).

Le tribunal de Paris avait observé, que ce n'était pas trop la peine de changer. « On pourra même ajouter que, si l'on suit la progression du marc d'argent

(1) Fenet. I, p. 73.
(2) Fenet. II, p. 602.

depuis 1566, époque de l'ordonnance de Moulins, ce ne sera point 150 francs, mais 300 francs et plus qu'il faudra substituer à la somme de 100 francs. Sur cette quotité nous nous en rapporterons volontiers aux rédacteurs. » (1)

Le tribunal de Nîmes proposait de porter à 200 francs le taux dont parle l'article (2).

Le tribunal de Rouen reconnaissait que, lors de la rédaction de l'ordonnance de 1667 où les règles de cette section ont été puisées, 100 francs, qui étaient le taux fixé par elle, représentaient une valeur plus que double de celle qu'ils représentent aujourd'hui. Si on veut suivre la même proportion, on devrait donc élever ce taux au moins à 200 francs. Mais nous pensons, disait le tribunal de Rouen, qu'eu égard à la corruption actuelle des mœurs, qui augmente le danger des preuves testimoniales, il vaut mieux laisser les choses telles qu'elles étaient réglées sur ce point par l'ordonnance de 1667 (3).

La commission du tribunal de Liège est d'avis que les circonstances actuelles et l'intérêt des cultivateurs exigent, que la somme dont il est parlé à l'article 232, tit. II, liv. III, soit portée à trois cents francs. (4)

(1) Fenet. V. p. 237.
(2) Fenet. V, p. 21.
(3) Fenet. V, p. 495 et 496.
(4) Fenet. III, p. 627.

2° Sur les termes dans lesquels était formulée la règle, que la preuve testimoniale ne doit être admise ni contre ni outre le contenu aux actes.

Le tribunal de Rennes formule sur le projet la critique suivante : on s'est trop religieusement attaché à la lettre des anciennes ordonnances. Les mots : *ni sur ce qui serait allégué avoir été dit avant ou depuis les actes*, sont inutiles et trop vagues. Inutiles ; leur force est tout entière dans les mots qui précèdent, *contre et outre le contenu aux actes*. Trop vagues : ils feraient croire qu'en aucun cas la preuve par témoins n'est admissible des circonstances qui ont précédé, accompagné et suivi l'acte, quoique le vœu du législateur ne soit pas de l'exclure dans les cas d'erreur, de dol, fraude ou violence, ces vices de la convention ne se peuvent prouver que par les circonstance concomitantes. (1)

Aussi ne devons-nous pas être surpris de constater que le Code civil a purement et simplement copié les dispositions de l'ordonnance de 1667.

Cambacérès excusait, il est vrai, cette imitation : « Cette partie législative, disait-il, ne présente pas d'aussi grands changements que les autres. » Nous avons essayé surtout, ajoutait-il, de « concilier l'intérêt privé avec l'intérêt général, et nous n'avons rien négligé afin de nous assurer que la stabilité des con-

____

(1) Fenet. V, p. 379.

ventions ne serait point légèrement compromise....
Dans l'ordre civil, comme dans l'ordre politique, l'incertitude est un fléau (1). »

Le principe de l'exclusion fut donc maintenu dans
le Code civil dans les mêmes termes que ceux qui
avaient été employés dans l'ordonnance de 1667.

« Article 1341. — Il doit être passé acte devant notaires ou sous signature privée, de toutes choses excédant la somme ou valeur de cent cinquante francs,
même pour dépôts volontaires ; et il n'est reçu aucune
preuve par témoins contre et outre le contenu aux
actes, ni sur ce qui serait allégué avoir été dit avant,
lors ou depuis les actes, encore qu'il s'agisse d'une
somme ou valeur moindre de cent cinquante francs ;

« Le tout sans préjudice de ce qui est prescrit dans
les lois relatives au commerce. »

C'est le Code de commerce, en 1807, qui contient
la règle relative à l'admissibilité de la preuve testi-
maniale sans restriction, au gré du juge.

Le projet portait dans son art. 69 : « les achats et
ventes se constatent.... par la preuve testimoniale,
s'il y a un commencement de preuve par écrit ».

Mais « un grand nombre de villes de commerce
réclamèrent ; elles invoquèrent les usages et la jurisprudence des tribunaux de commerce. Elles firent
observer que la plupart des transactions qui s'opè-

____

(1) Fenet. I, p. 174.

rent dans les foires et marchés ne peuvent être approuvées que par témoins ; qu'on détruirait tout moyen de réclamation en n'admettant la preuve testimoniale que lorsqu'il y aurait un commencement de preuve par écrit (1) ».

Le projet fut modifié et l'art. 109 décide simplement que : « Les achats et ventes se constatent..... par la preuve testimoniale dans le cas où le tribunal croira devoir l'admettre ».

Bigot-Préameneu avait ainsi justifié cette exclusion au moment de la discussion de cette matière : « Il eût été imprudent, de ne pas maintenir aujourd'hui des mesures, que la mauvaise foi des hommes a, depuis si longtemps, fait regarder comme indispensables. On n'a, même pas cru devoir, en fixant à 150 francs au lieu de cent livres la somme que l'on ne pourrait excéder, sans une preuve écrite, avoir égard à toute la différence qui existe entre la valeur de l'argent, à l'époque de ces lois et sa valeur actuelle ». Ainsi que le faisait remarquer Favart, orateur du Tribunal : « Cette augmentation de 50 francs n'est pas proportionnelle, à la valeur relative des espèces ; mais d'une part les circonstances morales ne sont pas propres à engager le législateur à donner plus de latitude à la preuve testimoniale, de l'autre il faut

____

(1) *Analyse raisonnée des observations des tribunaux*, p. 41 et 42.

considérer que l'usage de l'écriture est devenu plus familier ».

Enfin, pour assurer l'exclusion de la preuve par témoins, le Code civil, dans les articles 1342, 1343, 1344, 1345 et 1346, formule une série de règles destinées à empêcher la production des témoins.

DEUXIÈME PARTIE

—

CODE CIVIL

—

INTRODUCTION

Nous avons vu qu'au XVIe siècle, la législation française a pris des mesures rigoureuses en ce qui concerne les règles de l'admissibilité de la preuve testimoniale et a consacré le principe d'obliger les parties
à dresser un écrit au moment même où l'obligation
prend naissance, toutes les fois que la valeur de cette
obligation dépasse cent livres. En même temps elle a
défendu aux parties de combattre par témoins les
constatations contenues dans l'écrit, même lorsqu'il
s'agit d'une somme inférieure à 100 livres.

Le Code civil a emprunté le système de preuves
de l'ancien droit.

En effet, l'article 1341 C. c. contient ces deux
règles générales et indépendantes qui déterminent

l'admissibilité de la preuve par témoins en matière civile : 1° la preuve testimoniale n'est pas admise au-dessus de 150 francs ; 2° la preuve testimoniale n'est pas reçue pour prouver contre et outre le contenu aux actes, même au-dessous de 150 francs.

Il est à déplorer que le Code civil ait maintenu, sans la discuter, l'exclusion de la preuve par témoins. D'après nous, la multiplicité des procès, un des principaux arguments contre la preuve testimoniale, dans l'ancien droit, tenait plutôt à la procédure suivie en matière d'enquête qu'aux règles qui déterminent son admissibilité.

Les délais et les écritures sans nombre de l'enquête secrète, les frais excessifs et les vexations que rencontraient les plaideurs de la part des gens appartenant à la justice, avaient pour effet de compliquer indéfiniment les procès.

Mais aujourd'hui l'organisation judiciaire présente des garanties sérieuses, le principe de la publicité des enquêtes a été depuis longtemps consacré dans de nombreuses affaires : dans les affaires sommaires, en matière de commerce, en matière criminelle, etc., et à l'heure actuelle on doit se demander pourquoi l'enquête secrète est maintenue encore dans le Code de procédure.

Pourquoi donc exclut-on la preuve testimoniale ?

Il ne subsiste guère qu'un motif. C'est la crainte de la subornation des témoins ; mais nous avons déjà dit que pour nous, la subornation des témoins n'a été à aucune époque l'argument le plus sérieux contre l'admissibilité de la preuve testimoniale ; car, si les faux témoins ont pu exister à toute époque, nous avons la conviction que les témoins sincères ont été toujours en plus grand nombre.

Même si nous supposions que la crainte de faux témoins était bien légitimée au XVIe siècle, on ne peut pas conclure qu'à l'heure actuelle on doit conserver cette crainte, car la publicité de l'enquête et le pouvoir souverain d'apprécier les témoignages qui appartient au tribunal sont une garantie puissante contre les faux témoignages. On doit reconnaître, avec Laurent, que les faux témoignages, au lieu d'augmenter, diminuent, si l'on tient compte de l'augmentation de la population et de la multiplicité des affaires. M. Glasson remarque aussi « que les méfiances de notre ancien droit contre les enquêtes ne sont plus à redouter de nos jours, et les corruptions de témoins, autrefois très fréquentes sont devenues infiniment rares ».

Racine a pu dire dans les Plaideurs :

« Le grand homme, là, sec, qui me sert de témoin
Et qui jure pour moi, lorsque j'en ai besoin. »

Cet homme-là, on ne le trouverait plus aujourd'hui. Le législateur moderne a donc consacré un rôle prépondérant à la preuve littérale dont il a fait une *preuve légale* en ce sens que le juge est tenu, malgré sa conviction contraire, de faire résulter la preuve de droits invoqués en justice, d'un acte authentique, ou d'un acte sous seing privé (reconnu par l'adversaire ou vérifié en justice). Il a réduit dans ces limites étroites le rôle de la preuve testimoniale.

Nous ne contestons pas l'utilité des preuves préconstituées et notamment des actes écrits, car ces actes font souvent disparaître tout arbitrage, toute équivoque en donnant une expression fixe, arrêtée à la pensée des parties. Le législateur, pour mieux assurer son rôle prépondérant à la preuve littérale, oblige les parties à dresser un écrit lorsqu'elles concluent une convention qui dépasse 150 francs.

Nous pensons que le législateur ne peut pas imposer aux parties une pareille obligation, l'usage de la preuve littérale devrait être abandonnée à la sagesse des parties, car elles sont censées connaitre leurs intérêts mieux que le législateur.

Si les parties n'ont pas cru nécessaire de rédiger un écrit, il est inique de leur refuser la faculté de prouver par témoins l'accord de leur volonté.

Faciliter la preuve, dans la plus large mesure possible, dit Ihering, est un des points les plus importants qui, dans la formation des droits, ait à fixer l'attention du législateur et a attirer les regards de la science. Hâter la solution de ce problème présente

un intérêt bien plus considérable pour le commerce
juridique que le perfectionnement intrinsèque et le
raffinement le plus achevé des principes ».

Il est vraiment rigoureux d'exiger un écrit pour
sceller l'accord le plus simple fait souvent devant
témoins surtout lorsqu'il ne s'agit que des petits contrats qui ne se produisent, la plupart du temps, qu'à
la suite de conversations nullement préméditées.

De plus, l'exigence d'un écrit nous semble trop
absolue, car malheureusement tout le monde n'est pas
lettré, et dans ce cas la rédaction d'un écrit donnera
lieu aux mêmes abus qu'on craint pour l'admissibilité de la preuve testimoniale. Nous croyons que
dans un bon système de preuves chaque moyen de
preuve doit être laissé au choix des parties. Voilà
pourquoi nous désirons que l'usage de la preuve
littérale soit facultatif pour les parties.

Dans les affaires commerciales le législateur re-
connait au juge un pouvoir souverain d'apprécier la
valeur des preuves mises en avant par les plaideurs,
il consacre donc le principe que le juge est libre de
chercher et d'utiliser tous les éléments dont il a besoin pour former sa conviction. Le législateur il apporte des restrictions, il est vrai, mais le principe de
la liberté de la preuve n'en est pas moins consacré.
On est frappé de la grande différence qui existe
entre le système de preuve admis en matière de

commerce et celui du Code civil, notamment en ce
que concerne le chiffre de 150 francs au-dessus duquel la preuve testimoniale n'est pas admise en matière civile. Généralement, on explique cette différence, par la considération suivante : on dit que la
rapidité et la multiplicité des affaires commerciales
ne s'accomodent pas avec l'obligation de dresser un
écrit. Mais, si cette simple raison a décidé le législateur a admettre la preuve testimoniale sans limite,
il faudrait croire que la crainte de la subornation
des témoins et de la multiplicité des procès ne doit
pas être si redoutable. Pour nous, la différence est
d'autant plus inexplicable, qu'entre les deux sortes
de matières, la parenté est grande.

Pourtant, si les parties ont pris la précaution de
constater par écrit, même pour un intérêt modique,
leurs accords ou les faits générateurs de droit, nous
croyons qu'il est bon que les parties trouvent une
garantie dans la précaution prise par elles, car il est
à supposer que lorsqu'elles se sont donné la peine de
rédiger un écrit elles ont eu l'intention d'arrêter
d'une manière précise les termes de leurs accords et
ce serait peut-être favoriser l'esprit de chicane si on
les laissait espérer que l'écrit par elles rédigé pourra
être combattu par la preuve testimoniale. Dans ce
sens seulement nous admettons que le législateur
accorde une préférence à la preuve littérale, et qu'il

empêche les plaideurs, de combattre par témoins le contenu de l'acte qu'ils ont rédigé.

Pour nous, parmi les principales causes qui ont contribué à discréditer la preuve testimoniale dans l'ancien droit, la première a été la facilité avec laquelle, sous l'empire désastreux du *système de preuves légales*, les conventions valablement constatées par écrit pouvaient être combattues par témoins. Nous convenons que dans une législation qui admet le principe de l'intime conviction et celui de la publicité de l'enquête, le danger est de beaucoup moins grand et qu'on pourrait admettre dans son entière acception le principe que tout moyen de preuve se suffit par lui-même, par conséquent permettre aux plaideurs de combattre par témoins le contenu des écrits.

Par application de ces principes, le Code de procédure civile pour l'empire d'Allemagne, de 1877, admet la preuve testimoniale en toute matière et quelle que soit l'importance de la contestation. Elle est reçue, même à l'encontre des actes authentiques, s'il est allégué que les déclarations faites devant l'officier public ont été inexactement rapportées par lui; *a fortiori* le Code permet-il de compléter par des témoignages le contenu des actes authentiques et d'offrir la preuve de ce qui aurait été dit avant, lors, ou depuis les actes; l'intention du législateur allemand dut s'écarter, à cet égard, des règles tracées par les articles 1341 et suivants du Code civil français et nettement exprimées dans l'exposé des motifs du nouveau Code (1). « Le législateur de 1877, dit M. Lederlin, préoccupé avant tout d'établir une loi uniforme pour toute l'Allemagne a voulu que la preuve testimoniale obtînt partout l'importance et l'autorité que les jurisconsultes d'outre-Rhin revendiquaient pour elle comme une conséquence du pouvoir souverain d'appréciation laissé aux juges (2).

Dernièrement a été présenté à la Chambre des députés un projet de loi qui tend à étendre l'admissibilité de la preuve testimoniale et à modifier les articles 1341, 1342, 1343, 1344, 1345, 1346, 1715 et 2044 C. civ.

Voici les deux modifications proposées :

1° Elever de 150 à 300 francs le chiffre à partir duquel la preuve testimoniale est défendue ;

2° Admettre dans la limite de 300 francs la preuve testimoniale contre et outre le contenu aux actes.

Comme nous le voyons, le projet s'attaque aux deux règles contenues dans l'article 1341.

D'abord on veut élever à 300 francs le taux au-dessus duquel la preuve testimoniale ne sera pas ad-

____

(1) *Begründung des Entwurf der deutschen civil processordnung*, p. 254-256 et p. 316.

(2) V. Lederlin. *Revue critique de Leg. et de Jurisprudence*, 1885, p. 403.

mise ! Pourquoi les auteurs du projetse sont-ils arrê-
tés à cette somme ? La somme de 300 francs n'est-
elle pas tout aussi arbitraire que celle de 150 francs ?
Pourquoi ne pas admettre sans aucune limitation de
chiffre la preuve testimoniale toutes les fois que les
parties n'ont pas cru nécessaire de dresser un écrit ?
Dans la plupart des législations modernes, ce taux
est de beaucoup plus élevé, quelques-unes d'entre
elles ne fixent aucune limite, telles sont le Code de
procédure civile du Royaume de Portugal de 1876
et généralement toutes les législations des peuples
d'origine germanique. Mais nous trouvons l'explication en lisant l'exposé des motifs. Ce taux de 300
francs est en rapport avec le taux auquel on veut
élever la compétence du juge de paix en dernier ressort (1).

Le défenseur du projet, M. Talou, partisan de l'o-
pinion que, plus on élargit le cercle où les juges sont
libres de former leur conviction sur les faits d'après
toutes les preuves produites quelles qu'elles soient,
plus on se rapproche de l'idéal d'une bonne législation et d'une bonne justice, propose d'abord d'élever
à 300 francs la limite dans laquelle la preuve testimoniale sera admise, et ensuite de permettre aux
plaideurs de combattre par témoins la preuve littérale, dans cette limite de 300 francs. « Le juge, dit

____

(1) Projet déposé à la Chambre des députés, le 10 juin 1895.

M. Talou, appelé à se prononcer sur une contestation à propos d'un chiffre inférieur à 150 francs, ne
peut pas aujourd'hui avoir recours à la preuve testimoniale, dont le but serait d'établir la fausseté d'une
convention écrite portant sur une somme moindre
de 150 francs. » Il nous semble que cette règle est
beaucoup trop rigoureuse. Un juge unique, à notre
avis, chargé de se prononcer souverainement sur
un litige, doit avoir la possibilité de rechercher les
éléments de sa décision partout où il croit pouvoir
les trouver. Nous ne disons pas que ce juge ne devra pas tenir grand compte de l'écrit, mais nous demandons qu'il ait la faculté, lorsqu'il le jugera nécessaire, d'entendre des témoins pour combattre,
s'il y a lieu, les allégations de l'écrit afin de pouvoir
mieux en apprécier la valeur.

L'obligation étroite, absolue, où il est et où il serait désormais plus souvent, de démêler ce qu'il peut
y avoir de nuageux et d'incertain dans les termes
d'un écrit, provoque nécessairement des sentences
contraires à la justice et au droit qui auraient été
différentes si la preuve par témoins fût venue à son
secours. Ainsi, par exemple, que de fois n'arrive-t-il
pas que sur deux parties qui contractent, l'une
d'elles ne sait pas lire et ne sait que signer son nom,
ou bien que la plus lettrée ou la plus rusée des deux
rédige sciemment l'écrit contrairement à l'accord fait
entre elles, ou dans des termes ambigus dont l'in-

terprétation doit tourner nécessairement à son avantage et, par suite au préjudice des intérêts de l'autre ?

Si la partie qui affirme que l'écrit renferme des clauses contraires à la convention faite ou aux modifications qui ont précédé ou suivi cet écrit n'a pas la ressource de la preuve testimoniale pour rétablir la vérité, elle sera fatalement victime de la mauvaise foi ou de la trop grande habileté de la personne avec laquelle elle aura eu l'imprudence de contracter (1).

N'arrive-t-il pas encore souvent que le débiteur se libère d'une dette consentie par écrit et laisse le titre entre les mains du créancier ?

Il est à présumer que, dans la plupart des cas, il le retire ou se fait déliver une quittance, mais lorsque la dette est de minime importance, le débiteur et le créancier ne peuvent-ils pas l'un et l'autre négliger l'un de retirer, l'autre de rendre le titre ?

N'est-il pas juste d'autoriser le débiteur, quelque coupable que soit sa négligence, à prouver par témoins à l'encontre du créancier de mauvaise foi ou de ses héritiers, qui d'ordinaire ignorent tout, l'extinction partielle ou totale de l'obligation (2) ?

L'existence du titre en les mains du créancier ne doit être considérée que comme une présomption de

(1) *Exposé des motifs*, p. 5 et 6.
(2) *Exposé des motifs*, p. 6.

la dette, et cette présomption doit pouvoir être détruite par la preuve contraire ; or, il est très difficile
et souvent impossible de faire cette preuve autrement
que par témoins. Si la dette est inférieure à 300 fr.,
pourquoi ne pas admettre à prouver par témoins
l'extinction d'une dette aussi minime ?

N'est-il pas déraisonnable de prohiber cette preuve
pour établir le payement d'une dette de 10 ou 20 fr.,
qui aurait été contractée par écrit ?

Et si des modifications verbales sont apportées à
l'écrit, la preuve par témoins est aujourd'hui inadmissible pour justifier ces modifications ; mais il nous
semble qu'il n'y a pas de motifs pour prohiber la
preuve testimoniale plutôt dans ce cas que dans
l'autre. Il s'agit toujours de prouver une convention,
car modifier celle qui existe, c'est en faire une seconde, et celle-ci doit bénéficier des mêmes avantages que la première.

En matière commerciale, la preuve par témoins
est admise dans tous les cas où elle est reconnue nécessaire, même contre et outre le contenu aux actes
et pour quelque somme que ce soit. Pourquoi ne pas
donner au juge de paix la même faculté dans les
affaires où il est chargé de se prononcer en dernier
ressort (1) ?

Dans ces limites, n'offrira-t-il pas aux justiciables

(1) *Exposé des motifs*, p. 7.

autant de garanties que les tribunaux de commerce qui jugent souverainement jusqu'à 1.500 francs ?

Il faut reconnaître que les motifs invoqués par M. Talou ne sont pas suffisants pour faire adopter une réforme à cet égard.

A l'heure actuelle surtout où le nombre des gens illettrés est beaucoup moins considérable, il n'est pas possible d'admettre que les actes puissent être attaqués par témoins ; les gens, ordinairement, savent ce qu'ils écrivent, ils doivent y prêter attention ; ils sont fautifs s'ils ont écrit ou laissé écrire, puis signé des conventions différentes de celles qui étaient dans leurs intentions et dans leur esprit. Il ne faut pas leur permettre de se prévaloir de leur étourderie ou de leur négligence pour attaquer des actes qui, vis-à-vis de l'autre partie, ne peuvent en rien être critiqués. Ce serait mettre les honnêtes gens, soucieux de régler avec soin leurs intérêts et qui peuvent aussi certainement être des gens vigilants et scrupuleux, à la merci des gens malintentionnés ou, dans tous les cas, peu scrupuleux et négligents.

Il faut donc maintenir la règle telle qu'elle existe : les tempéraments que la doctrine et la jurisprudence y ont apporté suffisent largement à assurer le respect de l'équité et la sauvegarde de tous les intérêts.

En effet, les inconvénients et périls signalés par

l'exposé des motifs sont pour la plupart écartés par les applications de la jurisprudence. Aussi M. Talou suppose que l'une des parties use de « mauvaise foi » pour rédiger un écrit contraire à l'accord intervenu. Dans ce cas, il s'agit de fraude ou de dol qui rendent la preuve testimoniale admissible ; le 2e § de l'article 1341 ne s'oppose pas à cette admissibilité.

Il suppose encore que le débiteur se libère d'une dette consentie par écrit et laisse le titre entre les mains du créancier.

Dans ce cas, il s'agit d'un fait extinctif de l'obligation, et, comme nous le verrons dans notre IIIe chapitre, tous faits peuvent être prouvés par témoins.

De même, la preuve testimoniale est généralement admise, pour prouver les erreurs matérielles qui se trouvent dans l'acte, les faits de nature à expliquer ses clauses obscures ou ambiguës, le moment précis où il a été passé, la nullité de sa cause.

Nous désirons voir introduire l'admissibilité de la preuve testimoniale sans restriction en toute matière toutes les fois que les parties n'ont pas voulu se ménager une preuve écrite à la condition que l'enquête se fasse désormais publiquement.

On admet la preuve testimoniale pour prouver des affaires considérables en matière de commerce, et on ne l'admettrait pas pour prouver une convention de 150 fr. On admet la preuve testimoniale en matière criminelle quand il s'agit de la vie et de l'honneur des citoyens, et on ne l'admettrait pas pour prouver un achat ou un échange de 151 fr.

Bien plus, en matière de bail, on soumet la décision au serment de la partie qui nie le bail (art. 1715) ; ainsi la loi suspecte le serment de témoins souvent désintéressés ou indifférents et on valide le serment d'une partie intéressée !

Ces illogismes sont stupéfiants.

Ce sont des traditions, dit-on ; certes, les traditions sont respectables, mais quand elles se trouvent en contradiction formelle avec la logique, les besoins du commerce et même l'équité, il ne faut pas hésiter à les sacrifier.

La preuve testimoniale est la plus simple et la plus sûre, pourvu qu'elle soit administrée en présence de juges intègres et dans des conditions de publicité qui assurent sa sincérité.

La loi a déjà consacré l'admissibilité absolue de la preuve par témoins quand l'enquête est publique (affaires commerciales, affaires criminelles) ; la jurisprudence fait des efforts inouïs pour rendre possible la preuve testimoniale par l'interprétation de commencement de preuve par écrit.

Ce sont ces règles légales, c'est cette jurisprudence qu'il suffit de consacrer par une disposition générale

qui admette la preuve testimoniale sans limites en
toute matière, sauf quand il y a un écrit. En restituant à la preuve par témoins l'importance qu'elle
mérite, le législateur aura rendu service à la société
et assuré le triomphe de l'équité et du bon sens !

Nous avons tenu à donner dans cette Introduction
un aperçu du projet de loi de M. Talou. Ce projet a
été combattu par M. Sauzet dans un rapport fait au
nom de la Commission de la réforme judiciaire.

L'importance de ce projet, et les objections qu'il
a soulevées sont de nature à mériter une étude spéciale que nous traiterons en détail à la fin de notre
travail, pour la mettre plus en relief; nous repren-
drons alors, au risque de nous répéter, les idées dont
nous avons voulu donner ici un simple aperçu.

CHAPITRE PREMIER

RÈGLES RELATIVES A L'ADMISSIBILITÉ DE LA PREUVE
TESTIMONIALE.

En principe, le Code civil exclut la preuve par témoins. Cette exclusion n'est pas décrétée d'une manière principale ; elle apparaît uniquement comme
sanction destinée à assurer l'observation de la prescription relative à la rédaction d'un écrit exigé par
l'article 1341 C. c., quand il s'agit de choses excédant la valeur de cent cinquante francs. *Il doit être
passé acte....*

En effet, quelle peut être la sanction de cette prescription, sinon que la preuve testimoniale ne peut
être admise quand un écrit aurait dû être dressé ? —
Cette conséquence, quoique sous-entendue, ne fait
point de doute, dit M. Colmet de Santerre — « d'a
« bord parce qu'elle est nettement exprimée dans
« l'ordonnance de Moulins (art. 54) ; ensuite, parce
« qu'il est difficile de comprendre comment une sec
« tion intitulée « de la preuve testimoniale » (section
« II du chap. VI dans le Code) commence par don-

« ner une règle sur la preuve écrite, si ce n'est pour
« délimiter le terrain de la preuve testimoniale, et
« exclure cette preuve, dans les cas où la rédaction
« de l'écrit est exigée (1) ».

L'idée fondamentale est celle-ci : Les intéressés
doivent se ménager une preuve écrite. les auteurs
en indiquent ainsi les raisons : 1° le désir d'éviter les
procès ; en imposant aux intéressés l'obligation de se
ménager une preuve écrite, on coupe court à un grand
nombre de procès ; 2° la loi a de la défiance pour
les témoignages.

Mais, cette exclusion de la preuve par témoins ne
se rencontre qu'en matière civile. En matière criminelle, domine le principe de la liberté de la preuve
laplus absolue.

En matière commerciale, de même, le juge a la faculté illimitée d'admettre la preuve testimoniale, sauf
les cas où la loi commerciale elle-même exige un écrit.

D'ailleurs, nous remarquons que même en matière
civile, l'écriture n'est requise, sauf pour les contrats
solennels, que *ad probationem*, de sorte que l'acte
juridique, parfaitement valable par le seul consentement des parties, peut être prouvé par l'aveu et le
serment.

(1) Demante et Colmet de Santerre, t. V, n° 325 *bis*, IV, p. 573.

SECTION I

RÈGLE GÉNÉRALE FORMULÉE DANS L'ARTICLE 1341 DU CODE CIVIL.

§ I. — Quels sont les faits dont la preuve ne peut être faite par témoins ?

Aux termes de l'article 1341 du Code civil, « il doit
« être passé acte devant notaire, ou sous signatures
« privées, de *toutes choses* excédant la somme ou
« valeur de cent cinquante francs, même pour dépôts
« volontaires ; et il n'est reçu aucune autre preuve
« par témoins contre et outre le contenu aux actes,
« ni sur ce qui serait allégué avoir été dit avant,
« lors ou depuis les actes, encore qu'il s'agisse
« d'une somme ou valeur moindre de cent cinquante
« francs. — Le tout, sans préjudice de ce qui est
« prescrit dans les lois, relatives au commerce. »

L'article 1341, nous le voyons, exige un écrit pour
toutes choses dépassant cent cinquante francs. Ces
mots « *toutes choses* » se trouvaient déjà dans les
ordonnances de l'ancien droit. Ainsi, l'ordonnance de
Moulins (art. 54) disait : « Nous ordonnons que... de
toutes choses... seront passés contrats. Comme nous
l'avons déjà démontré, les mots : *toutes choses* ne
signifiaient pas, dans l'esprit des inspirateurs et du

rédacteur de l'ordonnance, *omnes res nostras* ; ils désignaient seulement les conventions.

Depuis, l'ordonnance de 1667 remplaçant le mot *contrat* par le mot *acte* : « Il sera passé acte de toutes choses », a sanctionné une interprétation extensive qui ne permet plus de douter que la disposition s'applique, d'après cette ordonnance, non seulement aux faits générateurs des obligations, mais aussi aux faits extinctifs des obligations.

Pothier étendait la disposition de l'ordonnance de 1667 à toutes choses dont celui qui demande à faire preuve a pu se procurer un écrit. « L'ordonnance de « 1667 ayant évité de se servir de ce terme de *con-* « *trats* et ayant dit : *seront passés actes de toutes* « *choses*, on ne doit pas douter que cette disposition « renferme, non seulement les conventions, mais « généralement toutes les choses dont celui qui de- « mande à faire preuve, a pu s'en procurer une par « écrit. — Par exemple, quoique le paiement d'une « dette ne soit pas une convention, néanmoins le « débiteur qui la fait, pouvant en tirer un acte par « écrit, c'est-à-dire une quittance, lorsque ce paie- « ment excède cent livres, il n'est pas admis à en « faire la preuve par témoins (1) ».

Mais, sous l'empire du Code civil, il ne faut pas limiter l'application de l'article 1341 aux faits juridi-

_____

(1) Pothier, n° 751.

ques par lesquels les conventions se forment, et ceux par suite desquels les obligations s'éteignent. L'art. 1341 contient une règle générale qui se réfère non seulement à la formation des conventions et à l'exécution des obligations, mais qui s'applique également à tous les autres faits juridiques de quelque nature qu'ils puissent être. Dans l'énumération des cas exceptionnels où l'art. 1341 cesse de recevoir application, figurent les délits, les quasi-délits, toutes choses qui ne sont pas des conventions créatrices ni extinctives d'obligations et qu'il était inutile d'affranchir de la règle s'ils n'y avaient jamais été compris.

Ceci nous montre bien que nous sommes dans le domaine des faits constituant des opérations de l'ordre juridique, c'est-à-dire des faits qui entraînent, par eux-mêmes et de leur propre force, certaines conséquences juridiques, par opposition aux *faits simples* ou *faits naturels* qui ne font naître de pareilles conséquences qu'autant qu'ils se rattachent à certains rapports juridiques et à raison de ces rapports.

L'expression *fait juridique* est plus large que le mot *convention* : elle comprend non seulement les faits qui supposent l'accord de deux ou de plusieurs parties, mais aussi les faits qui émanent d'une seule partie sans qu'il soit nécessaire que le consentement d'une autre vienne s'y adjoindre tels sont : les faits distinctifs des obligations, la confirmation, l'autorisation maritale.

La généralité des termes de l'art. 1341 C. c.
nous autorise à étendre sa disposition à tous les
faits juridiques qui ont pour objet direct et nécessaire de former, modifier, restreindre, étendre,
reconnaître, confirmer, ratifier, innover, éteindre,
résoudre, ou enfin transférer des obligations ou
des droits. On exclut ainsi les événements naturels
qui ne doivent produire que des effets matériels
et physiques, et, dont, par conséquent, à moins
de règle spéciale, il ne doit point être préparé de
preuve écrite.

« C'est ainsi, dit M. Colmet de Santerre, que les
« relations physiques qui ont existé entre une per-
« sonne et un fonds : la culture, le défrichement, la
« perception des fruits, la réparation d'un édifice,
« bien que pouvant engendrer des droits (droit aux
« fruits, droit à des indemnités, droit de prescrire),
« ne doivent pas être prouvées par écrit, parce que
« les fruits dont il s'agit ont pour effet premier et
« nécessaire, des résultats matériels, et qu'ils ne
« produisent qu'accidentellement des résultats juri-
« diques (1) ».

Cette doctrine ne présente aucun inconvénient
dans la pratique, car l'application de l'art. 1341 se
trouve précisée et limitée par l'art. 1348, aux termes
duquel une partie est toujours admise à se servir de

(1) Demante et Colmet de Santerre, t. V, n° 345 *bis*, VII, p. 575.

la preuve testimoniale, quand elle s'est trouvée dans l'impossibilité de se procurer une preuve littérale. L'écrit est donc, en somme, obligatoire si la rédaction en a été possible et il cesse de l'être quand survient l'impossibilité d'une constatation littérale provenant, soit de la nature même du fait, soit des circonstances dans lesquelles il s'est produit.

Par conséquent, lorsque des faits matériels se rattachent accidentellement à des faits juridiques, ils pourront être établis par la preuve testimoniale, quelle que soit la valeur de l'objet de la contestation à propos de laquelle il y a intérêt à en prouver l'existence. Ainsi, dans une demande en dommages-intérêts fondée sur une faute contractuelle, la preuve du fait matériel, c'est-à-dire de la faute, pourra être faite par témoins, quel que soit le chiffre des dommages-intérêts réclamé. Mais il faudra préalablement démontrer l'existence du contrat, par application des règles ordinaires sur la preuve.

De même, lorsque quelqu'un invoque un droit ou un avantage qui résulte d'un fait matériel, il pourra établir ce droit ou cet avantage par la preuve testimoniale. Ainsi, par exemple, on peut établir par témoins que la prescription d'une servitude de passage a été interrompue par le non-exercice de cette servitude, c'est-à-dire par un fait matériel.

Mentionnons encore que parmi les faits qui, de leur nature, échappent à l'exclusion de la preuve testimoniale, figurent les naissances, les décès qui pourraient être prouvés par témoins ; mais depuis longtemps, le législateur a organisé en ces matières des modes spéciaux de preuve, dont nous n'avons pas à nous occuper.

Signalons aussi un fait purement matériel qui peut cependant avoir une conséquence très grave au point de vue de la conservation des droits patrimoniaux ; c'est le fait d'antériorité dans le dépôt d'actes à faire inscrire ou transcrire sur les registres du conservateur des hypothèques, et plus généralement, le fait d'antériorité dans l'accomplissement des formalités destinées à assurer la conservation ou la perfection des droits patrimoniaux.

C'est ainsi que la preuve par témoins a été admise pour déterminer l'ordre dans lequel une inscription et une transcription avaient été requises chez le conservateur des hypothèques.

L'article 2147 C. c. portant que « les créanciers « inscrits le même jour exercent en concurrence une « hypothèque de la même date, sans distinction entre « l'inscription du matin et celle du soir, quand cette « différence serait marquée par le conservateur », n'est pas applicable en effet, au cas de concours entre une transcription d'acte de vente et une inscription d'hypothèque opérée le même jour (1).

____

(1) Nancy, 16 mai 1894. Sirey 1894. 2. 191.

En ce cas, l'antériorité n'est pas absolument déterminée par le rang donné aux actes, sur le registre des dépôts, tenu par le conservateur ; les énonciations de ce registre ne constituent qu'une présomption simple qui ne doit être suivie qu'à défaut de tout autre élément de décision. En conséquence, si une partie articule, pour établir la priorité de son dépôt, des faits pertinents et concluants, elle doit être admise à en faire la preuve par témoins, nonobstant la présomption contraire résultant de l'ordre des numéros sur le registre du conservateur (1).

Dans le même ordre d'idées, la Cour de cassation a admis la preuve par témoins pour déterminer l'antériorité d'un endossement sur une saisie opérée à la même date.

« Lorsqu'une créance à ordre, qui a été cédée par la voie d'endossement, a été l'objet d'une saisie-arrêt, et que, la cession et la saisie portant la même date, le créancier saisissant a demandé à prouver par témoins l'antériorité d'heure de la saisie, il n'est pas recevable à demander en cassation la nullité de l'arrêt qui, après enquête, a décidé le contraire, sous prétexte que les juges auraient recouru à un mode de preuve interdit par la loi (2). »

L'article 1341 C. c. ne s'applique qu'aux faits juridiques, et le *criterium* qui détermine son applica-

<hr>

(1) Tribunal de Montmédy, 26 mai 1891. Sirey 1874. 2. 191.
(2) Cassation, 15 mars 1892. Sirey 1894. 1. 495.

tion, se trouve dans la règle qu'il faut passer un écrit des faits juridiques ayant un objet d'une valeur supérieure à cent cinquante francs.

Nous formulons notre opinion : Toutes les fois que le fait juridique est de telle nature qu'une preuve écrite a pu être rédigée au moment de son accomplissement, la preuve testimoniale sera exclue en principe. — Toutes les fois que le fait juridique est de telle nature que la rédaction d'un écrit ne se conçoive pas au moment de l'accomplissement de ce fait, la preuve testimoniale sera possible.

§ II. — Comment se détermine la limite de cent cinquante francs ?

La prohibition de la preuve testimoniale se présentant comme sanction en cas d'inobservation de l'injonction légale qui impose la rédaction d'un écrit, il en résulte que pour savoir si cette preuve est admissible, il suffit de se demander, si dans le cas proposé, la loi exigerait un écrit. Or, une telle question se réfère nécessairement à l'époque de la naissance du droit, et non à l'époque de la demande en justice. *C'est donc la valeur de la chose au moment de la convention, et non sa valeur au moment de la demande, qui doit déterminer la recevabilité de la preuve testimoniale.*

La Cour de cassation, par arrêt du 5 janvier 1875, a décidé que le contrat par lequel deux parties ont acquis en commun une obligation d'une valeur inférieure à cent cinquante francs, peut être prouvé par témoins, alors même que le litige porte sur le partage de la prime, d'une valeur supérieure à cent cinquante francs, échue à cette obligation. « Attendu « que pour vérifier si, aux termes de l'art. 1341 C. c., « un fait juridique a dû ou non être constaté par « écrit, c'est au moment de l'accomplissement de ce « fait qu'il faut se rapporter, puisque c'est à ce « moment seulement que les parties ont eu le pou- « voir de satisfaire aux prescriptions de la loi. Que « dès qu'il est acquis qu'à ce moment les parties « étaient libres de ne pas recourir à une preuve lit- « térale, elles doivent être admises à la preuve tes- « timoniale, quelle que soit la valeur du litige né de « l'inexécution du contrat primitif ; que s'il en est « autrement au cas où la somme réclamée dépasse « la limite au-delà de laquelle la preuve testimoniale « est admise, par l'effet de la réunion de la valeur « principale et de celle résultant de faits ultérieurs, « ce n'est que lorsque ces faits ultérieurs ont été « l'objet de la prévision des parties lors du contrat « primitif, comme aux cas de stipulation d'un intérêt « ou d'une clause pénale : qu'on ne saurait assimiler « à ces faits prévus et déterminés dans leur mon- « tant, les bénéfices espérés, qui, au cas de société,

« peuvent résulter des éventualités incertaines de
« l'avenir, lesquelles n'entrent pas dans l'objet même
« du contrat de société (1). »

Cet arrêt confirme d'abord la règle que nous avons
adoptée, ensuite il consacre cette deuxième règle :
*la valeur de l'objet du contrat ne s'apprécie en
réunissant à la valeur principale celle résultant
de faits ultérieurs, qu'au cas où ces faits ont été
l'objet de la prévision des parties lors du contrat.*

C'est par application de ce principe, que l'art. 1342
C. c. déclare la limite légale outrepassée lorsque
l'action contient, avec la demande du capital, une
demande d'intérêts qui, réunis au capital, excédent la
somme de cent cinquante francs ; le capital peut être
inférieur à cent cinquante francs ; les intérêts réclamés peuvent eux-mêmes ne pas atteindre cette somme ; mais si la réunion de ce capital et des intérêts
échus et réclamés excède cent cinquante francs, la
loi prohibe la preuve testimoniale. En matière de société, au contraire, les bénéfices ne rentrent pas dans
le calcul des cent cinquante francs. En effet, une
différence profonde sépare les deux situations. Il est
vrai que s'il n'y avait point de contrat de société, il
n'y aurait pas de bénéfices sociaux à réclamer, comme il n'y aurait pas d'intérêts, en l'absence de contrat de prêt à intérêts. Mais les intérêts stipulés dans

(1) Cass. 5 janvier 1875. Dalloz, 1877, 1. 40.

un contrat de prêt sont des conséquences juridiques et nécessaires du contrat ; ils sont des faits ultérieurs, il est vrai, mais des faits ultérieurs qui ont été l'objet de la prévision des parties lors du contrat ; tandis que les bénéfices qui, en cas de société, peuvent résulter des éventualités incertaines de l'avenir n'ont pas pu certainement rentrer dans les prévisions des parties. Pour des motifs analogues, la Cour de cassation décide encore que si une clause pénale est stipulée pour le retard dans l'exécution d'une obligation, on devra joindre la clause pénale à la valeur de la stipulation principale pour statuer sur l'admissibilité de la preuve testimoniale.

Nous devons ajouter que, pour préciser l'objet qui forme la matière du fait à prouver, il faut examiner les choses non seulement en elles-mêmes, mais encore avec les conséquences juridiques que les parties veulent en tirer. Ainsi, la preuve d'un paiement inférieur à cent cinquante francs peut se faire par témoins, s'il s'agit seulement d'établir la libération du débiteur, car le seul effet juridique que le débiteur lui attribue est de produire sa libération jusqu'à concurrence de la somme qui en forme l'objet.

Si, au contraire, on veut invoquer le paiement comme fait interruptif de la prescription d'une créance ou d'une rente, la preuve testimoniale ne sera point reçue, bien que la somme payée soit inférieure à cent cinquante francs, si l'obligation menacée de

prescription est supérieure à cette somme. Le payement invoqué n'a point pour but d'établir la libération du débiteur ; c'est le créancier qui l'invoque, et
le fait à prouver pour lui est l'interruption de la
prescription de la créance. Cette doctrine a été confirmée par la Cour de justice de Genève, par arrêt du
14 mai 1892. « Le créancier, en offrant de prouver
« par témoins des faits interruptifs de la prescription
« d'une créance de 400 francs, offre en réalité d'éta-
« blir l'existence actuelle d'une créance supérieure
« à 300 francs (150 francs en France) (1). »

Notre doctrine, admise par un grand nombre d'auteurs et consacrée par la jurisprudence, a été combattue notamment par Bonnier et Marcadé.

D'après ces auteurs, la preuve testimoniale ne serait admissible qu'autant que la valeur juridique du
litige n'excèderait pas cent cinquante francs non seulement au moment de la convention, mais aussi au
moment de la demande. Par conséquent si l'objet litigieux, qui était inférieur à cent cinquante francs lors
de la convention, représentait au moment du procès
une valeur supérieure à ce chiffre, la preuve testimoniale serait repoussée.

On dit à l'appui de cette opinion, que la loi ayant
eu en vue de prévenir les deux inconvénients, auxquels peut donner lieu l'admission de la preuve tes-

(1) Genève, 14 mai 1892. Sirey. 1894, 4, 227.

timoniale, savoir : la subornation des témoins et la multiplicité des procès, ce but ne serait atteint que d'une manière incomplète si l'on admettait la preuve testimoniale à l'appui d'une demande dépassant cent cinquante francs, par cela seul qu'elle serait fondée sur une convention d'une valeur inférieure à cette somme.

Nous admettons que le législateur se soit, dans une certaine mesure, préoccupé du danger de la subornation des témoins, mais certainement cette préoccupation n'a pas eu les proportions qu'on veut lui donner. Que les règles de notre section soient jusqu'à un certain point dictées par la crainte de la corruption des témoins, que cette crainte ait eu une influence sur la préférence accordée à la preuve littérale, on peut l'avouer sans être obligé d'arriver à la solution que nous combattons. « En effet, dit « M. Colmet de Santerre, le législateur a pu redou- « ter les incertitudes du témoignage sans adopter « cependant un système radical qui aurait défendu « toute preuve testimoniale sur une valeur supé- « rieure à cent cinquante francs ; il a combattu le « danger par la règle qu'il a posée sur la nécessité « d'un écrit. il a, par là, beaucoup restreint le champ « de la preuve testimoniale et diminué le péril, mais « il n'a pas interdit d'une façon formelle la preuve « par témoins quelles que fussent les circonstances « dans lesquelles serait né le droit contesté. Il permet

« de prouver par témoins sans limitation de chiffre
« dans les cas de l'article 1348, à raison de l'impos-
« sibilité où se sont trouvées les parties de rédiger un
« écrit, et il a dû assimiler à cette hypothèse le cas
« où la modicité de l'intérêt engagé rendait, sinon
« impossible, du moins trop coûteuse la rédaction
« d'un écrit (1) ».

Du principe qu'il faut se placer à l'origine de la
créance pour savoir si elle devait être constatée par
écrit, découlent d'autres conséquences que nous
trouvons consignées dans le Code civil. Ainsi, d'après
l'art. 1344, la preuve testimoniale ne peut être admise sur la demande d'une somme même inférieure
à cent cinquante francs, lorsque cette somme est
déclarée être le restant ou faire partie d'une créance
plus forte qui n'est point prouvée par écrit. Cet article prévoit deux espèces différentes : 1° Quelqu'un
vous devait deux cents francs, sur lesquels il vous a
payé un acompte de cinquante francs. Si vous de-
mandez les cent cinquante francs qui restent dûs,
vous ne pourrez faire la preuve par témoins parce
que vous réclamez le solde d'une créance plus
forte ; 2° Quelqu'un vous doit deux cents francs.
Mais comme vous n'avez pas fait dresser un écrit ;
vous sacrifiez la somme qui dépasse le taux légal,
dans l'espérance de sauver du moins la fraction qui

____

(1) Demante et Colmet de Santerre. t. V, n° 315 *bis*, XI, p. 578.

demeure en-deçà. Si vous déclarez franchement quelle est la situation ; le juge rejettera, dès l'abord, la preuve par témoins ; si, au contraire, vous dissimulez la vérité, l'enquête sera ordonnée ; mais, dès qu'il apparaîtra que la somme demandée fait partie d'une somme supérieure à cent cinquante francs, le juge, si vous n'avez d'autres moyens de preuve, devra décider que votre preuve n'est point faite ou ne peut légalement vous servir. Voilà encore une hypothèse. Nous sommes deux héritiers d'une personne qui est créancière d'une somme de deux cents francs ; en vertu de l'art. 1220 C. c., les dettes se divisant de plein droit, chacun de nous se trouve investi d'une créance de cent francs. Le droit, en notre personne, n'a jamais atteint le taux légal ; mais comme chez notre auteur le chiffre intégral de la créance lui était supérieur, une contravention avait été commise à l'injonction de la loi ; la preuve par témoins était interdite ; et comme nous n'avons pas plus de droits que notre auteur, nous serons, comme lui, privés tous les deux de cette même preuve. Notre demande cependant ne monte qu'à 100 francs, mais elle porte sur une somme qui fait partie d'une créance, supérieure à cent cinquante francs.

Mais, l'article 1344 ne s'applique pas à l'hypothèse où une promesse distincte a été faite de payer le reliquat d'une créance, pourvu, bien entendu, que ce reliquat soit inférieur à cent cinquante francs.

Dans ce cas, on aurait simplement à prouver l'existence d'une obligation nouvelle, dont le montant demeure au-dessous du taux légal et, par suite, ne comporte point nécessairement la rédaction d'un écrit. Telle était l'opinion de Pothier : « Si le deman-« deur, dit-il, offrait la preuve testimoniale de la « promesse que lui aurait faite le défenseur de lui « payer 60 francs qui restaient dus, je pense qu'il « devrait être reçu à la preuve ; car cette promesse « étant une nouvelle convention, n'excédant pas « 100 fr. (aujourd'hui 150), rien n'empêche que la « preuve testimoniale en puisse être admise ».

M. Bufnoir, donne la même solution que Pothier. Il enseigne que lorsqu'il s'agit d'une promesse de payer un reliquat inférieur à cent cinquante francs, l'opération juridique est un aveu extra-judiciaire.

Or l'art. 1355 C. c. décide que : « l'obligation d'un aveu extra-judiciaire purement verbal est inutile toutes les fois qu'il s'agit d'une demande dont la preuve testimoniale ne serait point admissible ». Mais s'il porte sur une demande dont la preuve par témoins est admise, on peut l'alléguer. Or il y a dans notre hypothèse un aveu pour cent francs.

Donc la preuve par témoins est admissible.

De même, d'après l'art. 1343 C. c., le demandeur qui a d'abord réclamé à son débiteur une somme ou valeur dépassant cent cinquante francs, chercherait inutilement à **éluder** la loi en réduisant ensuite le

chiffre de sa réclamation. « Celui qui a formé une
« demande, excédant cent cinquante francs, ne peut
« être admis à la preuve testimoniale, même en res-
« treignant sa demande primitive. »

Le demandeur, n'aurait d'autre ressource pour re-
conquérir l'admissibilité de la preuve testimoniale,
que de prouver une erreur de fait (art. 1356, al. 4).

Lorsque l'objet d'une convention à prouver ne
consiste pas dans une somme d'argent, il faut déterminer tout d'abord l'intérêt pécuniaire qu'il représente. Le juge est expert de droit : il peut, si l'ex-
pertise ne lui paraît point nécessaire, ou si elle ne
lui est point imposée par la loi, procéder lui-même
à cette évaluation. Il a un pouvoir discrétionnaire, la
loi n'ayant pas déterminé les éléments sur lesquels
elle entend qu'il base sa décision (1).

Art. 1345-1646 C. c. — En dehors des explications précédentes, nous trouvons, dans le Code civil,
deux dispositions qui ont pour but d'assurer la stricte
observation de la règle posée dans l'article 1341 C. civ.

1. L'article 1345 C. c. dispose que : « si dans la
« même instance une partie fait plusieurs demandes
« dont il n'y ait point de titre par écrit, et que,
« jointes ensemble, elles excèdent la somme de cent
« cinquante francs, la preuve par témoins n'en peut

____

(1) Cass. 1er avril 1890. Sirey 1890, 1, 245.

« être admise, encore que la partie allègue que ces
« créances proviennent de différentes causes, et
« qu'elles se soient formées en différents temps, si
« ce n'était que ces droits procédassent, par succes-
« sion, donation ou autrement, de personnes diffé-
« rentes ».

Le Code civil n'a point voulu qu'on pût échapper
à la règle prohibitive de l'art. 1341, en alléguant
que si la demande dont il n'y a pas de titre par écrit
dépasse cent cinquante francs, c'est qu'elle se com-
pose de créances distinctes, chacune d'un montant
inférieur. L'on peut dire, pour justifier cette sévérité,
que le propriétaire de créances distinctes, dont la
somme est inférieure à cent cinquante francs, doit
s'imputer la faute de n'avoir pas fait dresser un acte
par écrit au moment où il est devenu titulaire d'une
créance nouvelle, qui, ajoutée aux précédentes, en
fait monter le total au-dessus du taux légal. Ce dernier motif disparaît lorsque les créances proviennent
de personnes différentes, par succession, donation ou
autrement. L'absence de l'écrit ne constitue aucune
contravention à l'injonction de la loi ; ni les auteurs
du titulaire actuel, ni le titulaire lui-même ne sont
en faute, par suite d'une réunion qui résulte, non de
leur fait, mais de la force des choses. Aussi la loi,
en pareil cas, admet la preuve testimoniale.

On doit encore soustraire à l'application de cet
article, les créances qui se trouvent bénéficier excep-

tionnellement de la preuve testimoniale, soit parce qu'il a été impossible de se procurer une preuve littérale, soit parce que la preuve testimoniale est corroborée par un commencement de preuve par écrit (comb. art. 1345, 1347 et 1348).

II. La règle qui prohibe la preuve testimoniale au-dessus de cent cinquante francs serait facilement éludée s'il était permis au créancier d'introduire, pour chaque créance, une instance séparée. De là, l'obligation prescrite par l'article 1346 de réunir dans une seule demande toutes celles qui ne seraient pas entièrement justifiées par écrit, sous peine de les voir déclarer non recevables.

Art. 1346. — « Toutes les demandes, à quelque « titre que ce soit, qui ne seront pas entièrement « justifiées par écrit, seront formées par un même « exploit, après lequel les autres demandes dont il « n'y aura point de preuve par écrit ne seront pas « reçues ».

Cet article est le complément naturel de l'art. 1345. En effet, il eût été inutile de prohiber la preuve testimoniale pour les créances qui, chacune séparément, sont inférieures à cent cinquante francs, mais dont l'ensemble dépasse ce chiffre, si elles avaient pu être l'objet d'instances successives.

Maintenant, si ce motif était le seul qui ait inspiré le législateur, il permettrait de laisser, en dehors de l'article, les demandes relatives à des créances dont la réunion demeurerait au-dessous de cent cinquante francs ; celles qui auraient trait à des droits nés sur divers titres et réunis sur une seule personne par suite de succession, donation ou autrement : celles, enfin, qui seraient justifiées par un commencement de preuve par écrit, ou dispensées de l'écrit par suite de l'impossibilité de s'en procurer un. — Ces trois catégories de demandes ne tombent pas sous l'application de l'article 1345 ; et cependant elles doivent, à cause de la généralité des termes employés par l'article 1346, être consignées dans le même exploit. Il est vrai qu'il ne peut être question de prévenir une fraude à la prohibition de l'article 1341, puisque la preuve testimoniale est admissible dans les trois espèces que nous venons de citer. Mais l'article 1346 ne veut pas simplement réprimer les fraudes possibles aux règles sur la preuve ; il cherche aussi à éviter la multiplicité des petits procès.

Cependant cette solution est contestée, surtout en ce qui concerne les demandes qui sont munies d'un commencement de preuve par écrit, ou dispensées de l'écrit en vertu de l'article 1348. On argumente de l'article 1347 ; on dit que cet article déclare que les règles ci-dessus (ce qui comprend celles de l'article 1346) reçoivent exception lorsqu'il existe un commencement de preuve par écrit, ou toutes les fois qu'il n'a pas été possible aux créanciers de se procurer une preuve littérale de son droit. —

Mais cette formule des articles 1347 et 1348 peut s'expliquer par cette circonstance que l'article 1346 ne figurait pas dans le projet présenté par la commission de rédaction ; et, dès lors, MM. Aubry et Rau disent qu'il est permis de supposer que la section de législation du Conseil d'Etat aura oublié, en l'insérant dans le Code, de faire, à l'article 1347, le changement que cette insertion devait amener (1).

L'article 1346 s'applique, tout aussi bien que l'art. 1345, aux droits et créances non encore exigibles, en ce sens que le demandeur est tenu d'indiquer, dans l'exploit contenant la réclamation des créances actuellement exigibles, le montant de celles qu'à raison de leur inexigibilité actuelle, il se réserve de réclamer ultérieurement, et que le juge doit prendre en considération la valeur réunie des unes et des autres pour résoudre la question de savoir si la preuve testimoniale est ou non admissible. En effet, l'article 1345 ne distingue pas si les créances réunies sur la même tête et qui dépassent cent cinquante francs sont exigibles ou non exigibles. Cette circonstance est indifférente quant à l'application de l'article 1341 C. c. Le créancier doit se procurer une preuve écrite, même des créances dont l'échéance est reculée. Il est donc en faute, dit M. Colmet de Santerre, quand, étant créancier à terme ou sans terme d'une somme infé-

____

(1) Aubry et Rau, t. VIII, p. 315, note 42.

rieure à cent cinquante francs, il devient créancier à terme ou sans terme d'une somme qui, jointe à la première, dépasse cent cinquante francs, et qu'il néglige de se procurer un écrit. Si telle est la portée de l'article 1345, ajoute M. Colmet de Santerre, l'application de l'article 1346 aux créances non échues ne doit pas souffrir de difficulté (1).

La sanction de l'article 1346 C. c. est une déchéance formelle. Les demandes non formées par le même exploit sont irrecevables d'une manière absolue, et ne sauraient être prouvées ni par l'aveu ni par le serment (2).

SECTION II

RÈGLES SPÉCIALES CONTENUES DANS LE CODE CIVIL.

En dehors de la règle générale, formulée par l'article 1341 C. c., nous trouvons d'autres dispositions qui ont une influence, plus ou moins grande, sur le rôle de la preuve testimoniale dans certaines conventions :

(1) Demante et Colmet de Santerre, t. V, 319 *bis*, III, p. 591.

(2) Voyez Aubry et Rau, t. VIII. — Laurent, t. XIX, n° 468. *Contrà* : Demante et Colmet de Santerre, tome V, page 591, n° 319 *bis*.

Nous allons étudier successivement ces règles spéciales, concernant les conventions suivantes :

1° Le mandat ;

2° Le partage ;

3° La donation :

4° Le bail :

5° La transaction :

6° Le prêt :

7° Le nantissement.

§ I. — Mandat tacite.

« Le mandat peut être donné verbalement aussi bien que par écrit, mais, dans le premier cas, la preuve n'en est reçue que conformément aux règles générales sur la preuve des conventions (1) ».

Mais certaines circonstances spéciales relatives à l'exécution du mandat telles que, actes de mauvaise administration, emploi de deniers, détournements, dissimulations, etc., peuvent être établies par témoins.

La Cour de cassation a jugé que « les juges, saisis d'une demande en dommages-intérêts formée par un mandant contre un mandataire, à raison d'une prétendue faute du mandataire, qui n'aurait pas averti le mandant d'une réception de deniers, peuvent dé-

(1) Aubry et Rau, t. IV, p. 638.

cider que le mandataire n'a pas commis la faute à lui imputée et rejeter la demande, en se fondant sur des renseignements fournis à l'audience et des présomptions graves, précises et concordantes, alors même que l'objet du mandat serait d'une valeur supérieure à 150 francs (1) ».

De même « le mandant ou ses représentants sont recevables à prouver par témoins que le mandataire a dissimulé une partie du prix d'une vente effectuée par lui en exécution du mandat; il s'agit là d'un fait de dol ou de fraude, sinon même d'un délit, dont le mandant ou ses représentants n'ont pu se procurer la preuve écrite (2) ».

Une question plus délicate se pose au sujet de la preuve du mandat tacite.

A ce sujet, la Cour de cassation a admis alternativement que le mandat tacite devait être prouvé selon les règles du droit commun, puisque l'existence du mandat tacite était une question de fait souverainement tranchée par les juges du fond.

En 1875, la Cour sembla vouloir fixer sa jurisprudence.

La Cour de cassation, par arrêt du 29 décembre 1875, avait décidé que « d'après la combinaison des articles 1985 et 1341 du Code civil, la preuve du mandat civil ne peut être faite par témoins ou à

(1) Cass., 30 octobre 1893. Sirey, 1894, 1. 326.
(2) Cass., 6 août 1889. Sirey, 1891, 1. 518.

l'aide de présomptions, qu'autant qu'il s'agit entre
les parties d'une somme n'excédant pas 150 francs
ou qu'il existe un commencement de preuve littérale,
sauf d'ailleurs l'effet ordinaire de l'aveu judiciaire ou
du serment ; qu'aucune exception à cette règle, n'est
admise par la loi, en faveur du mandat tacite ; que
les faits dont on prétend déduire l'existence d'un
mandat, tacitement conféré, doivent donc être légalement établis devant le juge, avant que celui-ci apprécie les conséquences qu'il convient d'en tirer (1) ».

M. Labbé a critiqué, dans une remarquable note,
la doctrine de cet arrêt et dégagé, croyons-nous, les
vrais principes ; nous nous rallions sans restriction à
la doctrine de M. Labbé, d'autant plus qu'elle prend
pour base les principes que nous avons énoncés
comme fondement de notre théorie sur l'admission
de la preuve par témoins. En voici l'analyse.

Il faut bien comprendre d'abord ce qu'est le mandat tacite.

« Le mandat tacite, dit M. Labbé, n'est pas un
mandat verbal. Il suppose comme le mandat, comme
tout mandat, un consentement, un concours de volonté ; mais ce qui le caractérise, c'est que les volontés n'ont été exprimées ni par des écrits, ni par
des paroles, ni par aucun mode de manifestation de la
pensée humaine. »

(1) Cass., 29 décembre 1875. Sirey, 1876, 1. 403.

Les volontés qui le constituent sont restées internes : elles n'ont pas été produites au dehors au moyen d'un langage ; elles s'induisent de faits, de circonstances qui les supposent sans être une manière de les exprimer (1).

Dès lors, quand il s'agit de prouver un mandat tacite, la preuve ne porte pas sur le consentement qui n'a pas été manifesté au dehors ; elle porte sur la conduite des personnes qui ont agi l'une à l'égard de l'autre comme s'étant donné mandat, elle porte sur des faits divers qui supposent, qui impliquent ce contrat, cet accord des volontés.

Par suite, la preuve admissible sera déterminée d'après la nature des faits à prouver. « Ces faits, dit M. Labbé, pris en eux-mêmes, abstraction faite des conséquences qu'on en tirera, sont-ils ou non de ceux dont on est tenu de se procurer une preuve écrite, dont la preuve par témoins n'est pas permise ? Voilà ce qu'il faut rechercher. Si oui, repoussez les témoins ; si non, écoutez-les ».

On pourrait objecter qu'il résultera de cette doctrine qu'un mandat en matière excédant 150 francs sera en fin de compte établi au moyen de la preuve testimoniale, mais la preuve du mandat sera le résultat d'une induction faite par les juges et reposant sur des faits qui, préalablement, auront été légalement établis.

(1) Labbé dans Sirey. 1876, 1. 401, notes 1 et 2.

« Ou il faut répudier la doctrine des mandats tacites, ajoute M. Labbé, ou il faut se résigner à cette conséquence. La loi admet la tacite reconduction, l'acceptation tacite d'un mandat. Est-ce que la preuve testimoniale sera exclue toutes les fois que la valeur du litige excédera 150 francs ? Est-ce que le locataire ne sera pas recevable à prouver par témoins qu'il est resté en possession, au su du locateur? Est-ce que l'exécution du mandat ne se prouvera pas, d'une façon ou d'une autre, suivant la nature des faits accomplis sur l'ordre du mandant ? Décider le contraire, ce serait dire que la partie intéressée devra se ménager une preuve écrite, impliquant la volonté de l'autre partie (1) ».

Or, ici, le plus souvent, il aura été impossible de se procurer une preuve écrite ; refuser d'admettre la preuve par témoins serait faciliter aux gens de mauvaise foi l'inexécution de leurs obligations et aboutirait à rendre inutile, le plus souvent, le mandat tacite.

Nous admettons donc, la preuve par témoins du mandat tacite toutes les fois que les faits qui impliquent ce mandat sont de telle nature qu'ils pourront être l'objet d'une preuve par témoins ; nous la rejetterons, au contraire, si les faits en question ne peuvent faire l'objet d'une enquête.

____

(1) Labbé dans Sirey, 1876, 1. 402, note

§ II. — **Partage.**

Supposons une personne qui veut prouver sa propriété et qui se trouve posséder en vertu d'un partage. Il peut arriver qu'il y ait eu partage de fait suivi de la mise en possession de chacun des copartageants. Ce partage de fait, s'il s'est prolongé dans des conditions suffisantes pour fonder la prescription, deviendra un partage de droit. Mais s'il ne s'est pas prolongé dans des circonstances de possession et de durée suffisantes, ce partage de fait peut-il avoir la valeur d'un partage de droit?

Lorsque l'art. 816 C. c. nous dit que le partage ne peut être demandé quand il y a eu un *acte de partage*, il semble exprimer simplement cette vérité évidente que le partage ne peut plus être demandé s'il a déjà eu lieu. Mais l'emploi de cette expression a suscité la question de savoir si le partage, au moins le partage définitif, ne pouvait résulter que d'un acte écrit; de la solution de cette question dépendent de graves conséquences sur la preuve du partage (1).

Certains auteurs, et, pendant longtemps, la jurisprudence, ont déclaré qu'un écrit était nécessaire à la validité du partage; le partage, a-t-on dit, peut être

(1) Sirey, *Code civil annoté*, p. 161.

demandé en vertu de l'art. 816 tant qu'on ne rapporte pas un acte de partage; en d'autres termes, tout partage de succession, même entre majeurs, n'est valable et définitif qu'autant qu'il est fait ou constaté par écrit. — Mais cette doctrine rigoureuse paraît avoir perdu ses adhérents, et il est aujourd'hui généralement admis que le partage est soumis aux règles du droit commun relatives à la preuve des conventions (1).

On admettait autrefois, dans certaines coutumes, disent MM. Aubry et Rau, des partages de fait résultant d'une jouissance séparée pendant dix ans. Or, l'objet principal de l'art. 816 est, ainsi que cela ressort de l'incise « même quand l'un des héritiers aurait joui séparément de partie des biens de la succession », de prohiber ces partages de fait pour n'admettre que des partages de droit, c'est-à-dire des partages effectués par une convention formelle.

Toute la question consiste à déterminer exactement dans l'art. 816, le sens du mot : acte de partage. — Désigne-t-il un écrit ou une convention de partage ? Le mot « acte » a les deux sens, quel est celui qu'il faut donner dans l'art. 816 ? La réponse se trouve dans l'art. 819. — Aux termes de l'art. 819, « si tous « les héritiers sont présents et majeurs, l'apposition « de scellés sur les effets de la succession n'est pas

(2) Aubry et Rau, t. VI, p. 538, § 623, note 9. — Colmet de Santerre, t. III, 140 *bis*, I.

« nécessaire, et le partage peut être fait dans la
« forme et par tel acte que les parties intéressées
« jugent convenable ».

Or, dans cet article, le mot «acte» désigne évidemment un fait juridique, une convention et non un écrit.
Le sens doit être le même dans l'art. 816.

Remarquons, en outre, que la loi n'exige un acte
solennel qu'exceptionnellement; dans le doute, il faut
s'abstenir d'exiger un écrit *ad solemnitatem* ; or,
ici, nous n'avons pas un texte assez formel pour exiger un écrit *ad solemnitatem*. — Donc, le mot
« acte » de l'article 816 désigne une convention et
non un écrit. — Il n'est donc pas nécessaire, pour la
validité d'un partage, qu'il soit constaté par un acte
écrit. Le partage fait verbalement est valable, et par
suite, l'existence de ce partage peut-être prouvée
comme celle des conventions ordinaires, par tous les
genres de preuves établis par la loi. — C'est ainsi
que la Cour de Chambéry a jugé que la preuve testimoniale d'un partage est admissible, quelle qu'en
soit l'importance, en présence d'un commencement
de preuve par écrit (1).

Dans le même ordre d'idées, la Cour de Bordeaux
a jugé que : « le créancier qui prétend que les objets
par lui compris dans une saisie immobilière sont
échus à son débiteur, par l'effet d'un partage, est

____

(1) Chambéry, 9 février 1870. Sirey, 1870, 2. 123.

recevable à prouver par témoins l'existence de ce partage (1) ».

La Cour de cassation a décidé que : « les juges peuvent se fonder sur des présomptions appuyées d'un commencement de preuve par écrit, pour décider qu'un mobilier détenu par l'un des héritiers lui a été abandonné par les autres héritiers en paiement des dettes de la succession, et, par suite, rejeter comme mal fondée l'action en partage formée par ces derniers (2) ».

Enfin, la Cour de Colmar a jugé que la possession de certains biens par un défunt, jusqu'au moment de son décès, et leur transmission par voie de saisine au profit de ses héritiers légitimes constituent des faits pour lesquels la preuve testimoniale est admissible ; mais que la preuve testimoniale n'est pas également admissible, lorsque, la succession étant dévolue à plusieurs héritiers, il s'agit d'établir la propriété de chaque cohéritier sur les immeubles qu'il prétend lui être échus ; la preuve de la propriété particulière de chaque cohéritier ne peut résulter que d'un acte de partage ou de tout autre acte qui en tienne lieu, à moins d'une possession suffisante pour la prescription (3). — Cet arrêt nous montre bien l'application de notre théorie.

(1) Bordeaux, 14 mai 1835. Dalloz, Rep. V° *Successions*, n° 1626.
(2) Cass., 12 juin 1844. Sirey, 1844, 1. 574.
(3) Colmar, 24 janvier 1832. Sirey, 1832, 2. 657.

Pour les faits à l'occasion desquels aucune preuve écrite n'a pu être assurée, la preuve par témoins est toujours admise.

Pour la preuve de la propriété particulière de chaque cohéritier, un acte de partage doit être produit, à moins d'une possession suffisante pour prescrire. Reste à déterminer si l'acte de partage doit nécessairement être écrit, et nous avons admis que l'écrit n'était pas exigé à peine de nullité. Mais admettons-nous la preuve testimoniale sans limites ? Non, nous l'admettrons seulement dans les limites et suivant les principes de l'art. 1341, nous exigerons un écrit au-dessus de cent cinquante francs, à moins qu'il n'y ait commencement de preuve par écrit.

§ III. — Donation.

Lorsqu'il s'agit d'une donation, il est impossible d'admettre la preuve testimoniale, car la donation doit être nécessairement faite par acte authentique.

Il faut même, s'il s'agit d'une donation de biens susceptibles d'hypothèque, faire transcrire l'acte de donation (art. 939 C. c.), et nous savons que cette transcription de l'acte de donation sur les registres publics ne peut servir de commencement de preuve par écrit (art. 1336 C. c.) qu'à deux condi-

tions : 1° qu'il soit constant que toutes les minutes
du notaire, de l'année dans laquelle l'acte paraît
avoir été fait, soient perdues, ou que l'on prouve
que la perte de la minute de cet acte a été faite par
un accident particulier; 2° qu'il existe un répertoire
en règle du notaire, qui constate que l'acte a été fait
à la même date.

L'article 1336 du Code civil ajoute : « Lorsqu'au
« moyen du concours de ces deux circonstances, la
« preuve par témoins sera admise, il sera nécessaire
« que ceux qui ont été témoins de l'acte, s'ils existent
« encore soient entendus ».

Ainsi la preuve testimoniale ne serait admise pour
prouver une donation de biens susceptibles d'hypothèque que dans le cas exceptionnel de l'art. 1336,
et encore, dans ce cas, le donataire, qui voudra
prouver par témoins, sera-t-il dans la nécessité d'appeler, comme témoins préconstitués en quelque
sorte, les témoins qui ont concouru à l'acte.

Quant aux donations de servitudes, usage, antichrèse, habitation, la solution de la question est la
même, si nous admettons l'opinion d'après laquelle
ces donations seraient soumises à la transcription
depuis la loi du 23 mars 1855 (argument de l'article
2, nonobstant. art. 11).

Restent les donations de meubles, et, pour celles-ci
l'art. 948 exige *ad solemnitatem* et à peine de nullité : 1° un acte de donation; 2° un état estimatif

adjoint à la donation. — Il est vrai qu'aux termes
de l'art. 2279, possession de bonne foi vaut titre
pour les meubles corporels et, d'autre part, si le propriétaire est dépossédé, il peut se trouver dans l'obligation de faire une preuve précise de son droit. Dans
ce cas, il sera indispensable à celui qui veut invoquer une acquisition par donation, de produire ledit
acte avec l'état nominatif. La preuve testimoniale
sera inadmissible, résultat illogique auquel aboutit
le principe d'exclusion de la preuve par témoins, tel
qu'il est admis dans notre code. — La preuve testimoniale sera admise, au contraire, sans restriction, croyons-nous, pour prouver un don manuel.

Du moment qu'un acte écrit n'est pas nécessaire à
la validité d'un fait juridique d'un intérêt dépassant
150 francs, ce fait juridique peut être établi par témoins ou par présomptions. Or, tel est bien le cas
du don manuel. La présomption légale qui oblige à
passer acte des faits juridiques d'une valeur au moins
égale à 150 francs ne concerne pas le don manuel,
car l'idée de ce don est exclusive d'un acte écrit et
ne révèle qu'une opération portant en elle-même sa
preuve (1). « Nous devons remarquer, disait le tribun Jaubert, dans son rapport sur les art. 931 et
948 du Code civil que le projet se sert des termes
tout acte de donation ». Tout acte... Le projet ne

____

(1) Voir Sirey, 1887, 1. 313.

parle pas des dons manuels, et ce n'est pas sans motif. Les dons manuels ne sont susceptibles d'aucune
forme. Il n'y a là d'autre règle que la tradition, sauf
néanmoins, la réduction et le rapport dans les cas de
droit (1).

Si l'admission du don manuel, par la loi, équivaut
à dispenser ce don de l'exigence d'un écrit au-dessus
de 150 francs, il n'y a plus de motif de prohiber, à
son égard, la preuve par témoins ou par présomption (2). Sous le rapport de la preuve, le don manuel, loin de tomber sous le coup de l'art. 1341 C. c.
qui prescrit de rédiger un écrit pour toute convention
excédant 150 francs, est soumis à l'application de
l'art. 1348 C. c., aux termes duquel la preuve par
témoins ou par présomption est admissible toutes
les fois qu'il y a eu impossibilité quelconque, pour
le créancier, de se procurer une preuve écrite (3).

Donc, puisque, dans la loi moderne, l'idée d'un
écrit est incompatible avec l'idée de don manuel, la
preuve de ce don, quelle que soit sa valeur, peut être
faite par témoins ou par simples présomptions. « La
prohibition de la preuve testimoniale n'étant que le
résultat indirect de la disposition qui prescrit de
passer acte de tous les faits juridiques dont l'objet

----

(1) Fenet, t. XII, p. 598.

(2) Paul Bressolles, *Théorie et prat. des dons manuels*, nos 271
et 263.

(3) Sirey, 1887, 1., p. 313, notes 1 et 2.

est d'une valeur supérieure à 150 francs, disent MM. Aubry et Rau, il en résulte que ce serait aller au-delà des exigences de cette disposition que de rejeter une pareille preuve, par cela seul que la demande excéderait 150 francs, bien que l'objet de la la convention sur laquelle elle est fondée fût d'une valeur inférieure à cette somme. Le danger de subornation que présente l'admission de la preuve testimoniale dans les affaires d'une certaine importance ne saurait affaiblir la force de cette argumentation, puisque, malgré ce danger, la preuve testimoniale est en vertu de l'art. 1348, indéfiniment admissible, toutes les fois qu'il n'a pas été possible à celui qui l'invoque, de se procurer une preuve écrite. Cela démontre, en effet, que la prohibition de la preuve testimoniale n'est, en définitive, que la sanction légale de se pourvoir d'une preuve littérale, et qu'ainsi, cette sanction doit rester sans application lorsque l'obligation à laquelle elle est attachée vient elle-même à cesser (1).

Cette opinion ne nous paraît pas contestable. Elle a cependant été repoussée par de nombreux auteurs et par la jurisprudence.

Il ne faut pas confondre, a-t-on dit, l'importance de l'écrit au point de vue de la formation de l'acte de donation, et la nécessité d'un écrit pour la preuve

____

(1) Aubry et Rau, t. VIII, p. 309, § 762, note 24.

du don manuel. Pour l'existence du don manuel, un écrit n'est pas nécessaire : le don manuel est formé verbalement par le consentement des parties, suivi de la tradition. L'idée du don manuel serait en contradiction avec la nécessité d'un écrit pour sa formation.

Mais, pour prouver ce don manuel, les règles ordinaires de la preuve s'imposent. Au-dessous de 150 francs, la preuve testimoniale sera certainement admissible ; au-dessus de cette somme, la preuve testimoniale ne sera admise que s'il y a commencement de preuve par écrit.

« Le donateur a certainement la faculté et le devoir de se procurer une preuve écrite de la libéralité qu'il effectue (1) ». Il ne pourra donc prouver par témoins que d'après les principes des art. 1341 et 1347.

La jurisprudence est fixée en ce dernier sens. Dès 1826, la Cour de Grenoble avait jugé que la preuve testimoniale d'un fait tendant à établir un don manuel, n'est pas admissible, s'il s'agit d'une somme excédant 150 fr., à moins d'un commencement de preuve par écrit.

La Cour de Paris, par arrêt du 22 janvier 1850, a jugé que la preuve d'un don manuel fait à une fabrique d'église peut, s'il existe un commencement de preuve par écrit, être fournie par témoins ou à l'aide de présomptions.

______

(1) Maurice Collin, *Étude sur les dons manuels*, p. 109.

« Si les dons manuels ne sont pas assujettis aux
« règles particulières de la donation, a jugé la Cour
« de Bordeaux, ils doivent néanmoins être prouvés
« conformément aux principes généraux de la loi ;
« leur existence ne peut donc être prouvée par té-
« moins en dehors des cas où la preuve testimoniale
« est admise d'après les règles ordinaires (1) ».

Enfin, la Cour de Cassation, en 1887, a formellement adopté cette théorie. Voici l'espèce : Un père
prétendait avoir donné des bijoux à la fiancée de son
fils. Le mariage ne s'étant pas réalisé, le don manuel
devenait caduc. Le père demanda la restitution des
bijoux. L'ex-fiancée reconnut qu'elle avait reçu ces
bijoux, mais qu'elle les avait reçus de son fiancé qui
s'était engagé à les lui abandonner en réparation du
dommage que lui avait causé la rupture du mariage (2).

Il s'agissait, pour le père, qui se disait donateur,
de prouver que le don manuel avait été réellement
fait par lui. Le tribunal d'Annecy avait ordonné la
restitution de ces bijoux, attendu que la preuve du
don manuel par le père résultait des présomptions
de la cause. La Cour de Cassation a cassé ce jugement
par les motifs suivants :

« Attendu, en droit, que la preuve du don manuel
« est soumise aux dispositions générales de la loi,

(1) Bordeaux, 26 janvier 1874. Sirey, 1874, 2. 140.
(2) Sirey, 1887, 1. 313.

« en matière de preuves. et que. si les formalités
« exigées par l'art. 931 C. c. ne sont pas nécessaires
« pour la validité des donations de ce genre, il ne s'en
« suit pas que le donateur ou le donataire soient
« dispensés, le cas échéant. d'en établir l'existence
« par les moyens légaux de preuves autres que la
« preuve littérale ; que, dans l'espèce, s'agissant
« d'une valeur supérieure à 150 francs, le donateur,
« qui se prévalait de la caducité de la donation, et
« qui était obligé de prouver que le don manuel
« avait été fait par lui et non par un autre, ne pou-
« vait faire cette preuve, soit par témoins, soit à
« l'aide de présomptions, qu'autant qu'il se serait
« appuyé sur un commencement de preuve par écrit ;
« que le jugement attaqué ne constate d'autre pro-
« duction que celles des factures des négociants,
« vendeurs de bijoux. et que ces documents n'éma-
« nant pas de la femme Richard, ne pouvaient cons-
« tituer contre elle ce commencement de preuve ;
« d'où il suit que ledit jugement, en se fondant ainsi
« sur une simple présomption, contrairement aux
« prescriptions des art. 1347 et 1353 C. c., et sans
« s'expliquer, d'ailleurs. ni sur la portée, ni sur les
« conséquences de l'aveu judiciaire, manque de base
« légale et a violé les articles sus-visés. » Cass. (1).

Quand il s'agit du donataire, on peut soutenir qu'il

____

(1) Cass., 9 août 1887. Sirey, 1887, 1. 313.

lui a été impossible d'exiger du donateur une preuve
écrite du don manuel qui lui était fait ; il s'agit, tout
au moins ici, d'une impossibilité morale résultant de
sa situation de dépendance vis-à-vis du donateur.
Mais, dit M. Maurice Collin, « il n'y a pas lieu de
considérer comme une impossibilité morale la difficulté qu'il peut y avoir pour la donataire à réclamer
du donateur un titre constatant la libéralité dont elle
est gratifiée ». Et, pour la donataire, comme pour
le donateur, la preuve du don manuel ne sera faite
par témoins que s'il y a un commencement de preuve
par écrit.

Pour nous, cette opinion n'est pas exacte. Le Code
civil a eu surtout en vue, quand il exige une preuve
écrite, d'éviter les procès, mais il a nécessairement
subordonné cette négligence à la possibilité de se
procurer une preuve écrite. Or, est-il possible de se
réserver une preuve écrite quand il s'agit d'un don
manuel ? La loi a exigé la forme authentique pour
tout acte de donation. Si donc, un écrit, constatant
la convention formelle intervenue entre les parties
au moment de l'accomplissement du don manuel, a
été rédigé, il faut que cet écrit soit authentique ; la
loi n'en reconnaît pas d'autre. Tout acte sous seing
privé constatant un don manuel sera nul. Dès lors,
n'est-il pas évident que nous nous trouvons ici en
présence d'une impossibilité légale de se réserver
une preuve écrite ? Sans doute, le don manuel est

valable sans écrit, mais l'absence d'écrit est imposée ici par la règle que tout acte de donation doit être authentique. Il est impossible de se procurer une preuve écrite d'une donation quelconque, si elle n'est pas authentique, et un écrit sous seing privé n'a aucune valeur ; bien plus, il aurait pour conséquence d'entraîner nullité de la donation. Nous nous trouvons donc en présence d'un cas où il est impossible de se procurer une preuve écrite (art. 1348 C. c.), et nous déciderons que la preuve testimoniale peut toujours servir à prouver un don manuel quelconque quelle qu'en soit l'importance.

§ IV. — Bail.

Pour tous les contrats, l'article 1341 exige un écrit quand il s'agit d'un objet ayant une valeur supérieure à cent cinquante francs.

Pour certains contrats même, le bail notamment, la preuve testimoniale n'est jamais admise. Nous trouvons là une aggravation du principe en vertu duquel les parties doivent toujours s'assurer une preuve écrite quand elle est possible.

Aux termes de l'article 1715 du Code civil, la preuve d'un bail qui n'a encore reçu aucune exécution et qui est nié, par l'une des parties ne peut être faite par témoins. La preuve par témoins se trouve ainsi complètement exclue, et, par suite, la règle de l'article 1347 qui admet la preuve testimoniale quand il y a commencement de preuve par écrit, se trouve aussi bien exclue que la règle de l'article 1341. Les rédacteurs du Code civil n'ont pas dû vouloir admettre la règle exceptionnelle de l'article 1347 alors qu'ils repoussaient la règle générale de l'article 1341. « Si telle avait été leur pensée, dit M. Guillouard, il fallait, non pas employer la formule tranchante de l'article 1715, qui implique le rejet absolu de la preuve testimoniale, mais ajouter : « sauf le cas où il y aurait commencement de preuve par écrit ». Cette exception était assez importante pour qu'on s'en expliquât (1). »

Les travaux préparatoires de l'article 1715 montrent bien l'intention du législateur. « Cette disposition de l'article 1715, disait le tribun Mouricault, est fondée sur les inconvénients particuliers de la preuve testimoniale en cette matière où *tout est urgent* ».

D'autre part, le conseiller d'État Galli disait, dans l'exposé des motifs : « Cet article, tel qu'il est conçu, évite bien des procès ». Et cette idée était reprise par le tribun Jaubert : « L'innovation du projet, qui prohibe la preuve testimoniale, nous a paru extrêmement sage ; elle sera surtout utile pour cette classe nombreuse qui ne peut louer que des objets

______

(1) Guillouard, *Traité du contrat de louage*, t. 1, nos 75 à 78.

d'une valeur modique, un procès est leur ruine ; il faut tarir la source de ces procès en proscrivant dans cette matière la preuve testimoniale ».

Les rédacteurs du Code poursuivaient donc un double but : 1° éviter les procès ; 2° éviter la lenteur dommageable, dit M. Guillouard, surtout quand il s'agit de biens ruraux, puisque, pendant toute la durée du procès, le bien ne sera cultivé, ni par le prétendu fermier, qui n'est pas assuré de faire la preuve, ni par le propriétaire qui ne sait pas s'il restera en jouissance de sa terre (1).

Quel que soit le motif qui ait plus spécialement inspiré la rédaction de l'article 1715, il n'en résulte pas moins que cet article 1715 repousse la preuve testimoniale, qu'il y ait ou non commencement de preuve par écrit.

Cette doctrine a été définitivement reconnue par un arrêt de la Chambre des requêtes qui décide que : « La preuve de l'existence d'un bail verbal, qui n'a encore reçu aucune exécution et que l'une des parties nie, ne peut être faite par témoins, quelque modique qu'en soit le prix, alors même qu'il y a eu commencement de preuve par écrit. Cette interdiction de la preuve testimoniale est générale en matière de bail et vise le bail à colonage partiaire comme tous les autres baux (2). »

(1) Guillouard, *Traité du contrat de louage*, t. I, nos 75 à 78.
(2) Cass., 28 juin 1891. S. 1892, 1. 417.

La Chambre des requêtes s'était prononcée en sens contraire par un arrêt du 1er août 1867 (1) ; elle se rallie, par l'arrêt du 28 juin 1892, à la doctrine adoptée par la Chambre civile.

La Cour de Paris avait déjà adopté cette opinion. D'après elle, la preuve de l'existence d'un bail verbal, qui n'a reçu aucune exécution et que l'une des parties nie, ne peut être faite par témoins, quelque modique qu'en soit le prix, alors même qu'il y a eu un commencement de preuve par écrit (2).

La Cour de Nancy a jugé également que la preuve de l'existence d'un bail dont l'exécution est contestée, ne peut être faite par témoins, alors même qu'il y a un commencement de preuve par écrit. Et cette prohibition s'applique, non seulement à la preuve du bail lui-même, mais à la preuve des faits articulés pour établir un commencement d'exécution du bail (3).

La Cour de cassation a depuis accentué la portée de cette jurisprudence. D'après un arrêt de janvier 1894 la preuve testimoniale ou par présomptions, est interdite par l'article 1715 du Code civil, aussi bien pour les faits considérés comme commencement d'exécution du bail que pour le bail lui-même. Ainsi l'occupation, même reconnue, des lieux, ne cons-

(1) Voir Sirey, 1867, 1. 373.
(2) Paris, 3 décembre 1892. Sirey, 1893, 271.
(3) Nancy, 4 mars 1893. Sirey, 1893, 2. 173.

tituant par elle-même qu'un fait matériel, on ne saurait attribuer à ce fait le caractère d'un commencement d'exécution de bail, recourir à la preuve par témoins et par présomptions.

La preuve par témoins ou par présomption (1), est en effet inadmissible afin d'établir des faits considérés comme commencement d'exécution d'un bail verbal, alors que cette exécution, alléguée par l'une des parties, est niée par l'autre (2).

La Cour de Paris a étendu cette jurisprudence à la sous-location. Elle a jugé que l'interdiction de la preuve testimoniale est générale en matière de bail, et s'applique par suite à la sous-location. En conséquence, pour justifier l'existence d'une sous-location, si l'une des parties produit uniquement un engagement unilatéral de sous-location signé par l'autre partie seulement, et nul pour n'avoir pas été fait en double écrit, suivant les prescriptions de l'article 1325 du Code civil, cet acte ne pouvant valoir que comme commencement de preuve par écrit, est insuffisant pour établir l'existence du bail (3).

« Considérant qu'aux termes de l'article 1715 du Code civil, si le bail fait sans écrit n'a encore reçu

---

(1) Cass., 17 janvier 1894. Sirey, 1894, 1. 136.

(2) Aix, 4 mai 1892. Sirey, 1893, 2. 70.

(3) Paris, 3 décembre 1892. Sirey, 1893, 2. 71, et Paris, 3 décembre 1892. Sirey, 1893, 2. 71. — Nancy, 4 mars 1893. Sirey, 1893, **2**. 173.

aucune exécution et que l'une des parties le nie, la preuve n'en peut être reçue par témoins, quelque modique qu'en soit le prix, et le serment peut seulement être déféré à celui qui nie le bail ; que ces dispositions limitent la portée de l'article 1715 ; qu'elles sont générales en matière de baux, etc ».

La Cour de Pau, par arrêt du 21 mars 1892, a jugé au contraire que la résiliation d'un bail peut être prouvée par témoins, lorsqu'il existe un commencement de preuve par écrit, les dispositions de l'article 1715 du Code civil ne s'appliquant qu'à la preuve de l'existence du bail (1).

Cheptel. — La disposition de l'article 1715 du Code civil, d'après laquelle la preuve de l'existence d'un bail ne peut être faite par témoins, alors même qu'il existe un commencement de preuve par écrit, ne s'applique pas à la preuve du contrat de cheptel.

On peut observer en effet que le cheptel est un louage de meubles et que l'art. 1715 ne vise que le louage d'immeubles ; par suite, la preuve du louage de meubles doit être régie par les règles du droit commun.

C'est ainsi que la Cour d'Agen a admis, à l'occasion d'une contestation sur un cheptel, que la preuve par témoins est admissible lorsqu'elle s'appuie sur un commencement de preuve par écrit, à l'effet d'é-

____

(1) Pau, 21 mars 1893. Sirey, 1893, 2. 108.

tablir des faits considérés comme commencement d'exécution d'un bail verbal, si cette exécution, alléguée par l'une des parties, est niée par l'autre (1).

Nous rentrons ainsi dans l'application de la règle générale.

§ V. — Transaction.

Aux termes de l'article 2044, « la transaction est un contrat par lequel les parties terminent une contestation née, ou préviennent une contestation à naître. Ce contrat doit être rédigé par écrit ».

On est d'accord pour admettre que la transaction n'est pas un contrat solennel. L'écrit est exigé pour la preuve seulement.

La loi écarte la preuve par témoins en matière de transaction parce qu'une transaction suppose des concessions et probablement comporte des détails rendant la preuve par témoins plus périlleuse qu'elle ne l'est d'habitude; enfin la transaction termine un procès, il fallait empêcher qu'elle ne fût elle-même l'occasion d'un nouveau procès.

« La transaction, disait le tribun Albisson, devant terminer un procès, c'est risquer d'en faire naître un nouveau que d'en laisser dépendre l'effet de la solu-

____

(1) Agen, 7 juin 1893. Sirey, 1894, 2. 92.

tion d'un problème sur l'admissibilité ou les résultats d'une preuve testimoniale ».

Il ne faut pas oublier, cependant, qu'en vertu de l'article 1348 C. c. les règles prohibitives de la preuve testimoniale édictées par l'article 1341 C. c. reçoivent exception toutes les fois qu'il n'a pas été possible au créancier de se procurer une preuve littérale de l'obligation qui a été contractée envers lui.

Par conséquent la transaction pourra être prouvée par témoins toutes les fois que la partie n'est pas en faute de n'avoir point de preuve écrite, soit que la rédaction en a été impossible, soit que la preuve ait péri par cas fortuit. Ainsi que le fait remarquer M. Colmet de Santerre. « dans ces hypothèses, il paraît bien difficile de traiter les contractants comme on traite ceux qui n'ont pas tenu compte des prescriptions du législateur (1). »

Cette solution concorde absolument d'ailleurs avec le criterium que nous avons donné pour l'admissibilité de la preuve testimoniale.

Une difficulté s'élève sur le point de savoir si la preuve par témoins est admissible, contrairement à l'article 2044, quand il y a commencement de preuve par écrit, en d'autres termes sur le point de savoir si l'article 2044 déroge à l'article 1347.

La même difficulté s'est présentée à l'occasion de

____

(1) Colmet de Santerre, t. VIII, 278 *bis*, III, p. 315.

l'article 1715, et nous avons vu que la jurisprudence avait admis l'application rigoureuse de l'article 1715 avec exclusion de la preuve testimoniale, même quand il y a commencement de preuve par écrit.

Au contraire, la jurisprudence permet de prouver par témoins une transaction quand il y a commencement de preuve par écrit.

Pourquoi la Cour de cassation donne-t-elle une solution différente dans les deux cas?

« En matière de transaction, dit M. Guillouard, la Cour de cassation décide, contrairement à l'opinion des Cours d'appel et de la plupart des auteurs, que la preuve de la transaction peut être faite par témoins, s'il existe un commencement de preuve par écrit. Nous croyons que les deux questions se tiennent, et, du moment où la Cour de cassation juge, à propos des transactions, que les articles 1341 et 1347 constituent des règles distinctes, nous craignons qu'elle ne vienne à le décider à propos du louage (1) ».

M. Bufnoir est d'avis que la solution de la Cour de cassation est bonne pour la transaction.

Cette opinion se justifie par l'examen du texte de l'article 2044 qui nous dit : « Le contrat de transaction doit être rédigé par écrit ». Ceci nous montre qu'il y a corrélation entre l'art. 2044 et l'art. 1341 ; ces deux textes se correspondent avec cette diffé-

____

(1) Guillouard, *Traité du contrat de louage*, I, n° 78.

rence seulement que l'article 1341 limite l'exigence d'un écrit aux choses excédant cent cinquante francs, tandis que l'article 2044 ne contient aucune limitation.

De cette corrélation des deux textes, on peut conclure que l'article 1347, qui déroge à l'article 1341, déroge aussi à l'article 2044, parce que le droit est que, toutes les fois que la loi exige une preuve écrite, cette exigence trouve un correctif dans l'art. 1347.

La disposition de l'article 2044 du Code civil, d'après laquelle la transaction doit être rédigée par écrit, ne s'applique pas en matière commerciale. En conséquence, l'existence d'une transaction en matière commerciale peut être établie au moyen de la preuve testimoniale et de présomptions (1).

§ VI. — **Prêt.**

Pour le prêt de consommation et le prêt à usage, le Code civil n'a indiqué aucune règle spéciale ; nous appliquerons donc le droit commun.

Mais, pour le prêt à intérêt, l'article 1907 Code civil décide que : « le taux de l'intérêt conventionnel doit être fixé par écrit. »

Le tribun Albisson expliquait ainsi les motifs de

(1) Sirey, 1895, 2. 19, note 1.

cette règle : « La cupidité est si intrépide lorsqu'elle peut espérer de cacher ses excès, qu'il fallait essayer de la contenir par le frein de la honte, et c'est dans cette vue que le projet ajoute : « Le taux de l'intérêt conventionnel doit être fixé par écrit. »

C'était donc une précaution contre les usuriers ; « on avait pensé, dit M. Colmet de Santerre, n'était-ce pas une illusion ? que les prêteurs n'auraient pas l'impudeur de constater, par écrit, des conventions trop onéreuses pour les emprunteurs, et que cette crainte modérerait leurs prétentions (1). »

La conséquence de cette règle est que toute stipulation d'intérêts devant être écrite, la preuve par témoins d'une convention verbale d'intérêts est inadmissible, même quand il s'agirait d'une valeur au-dessous de 150 fr. « Bien mieux, dit Duranton, il n'y aurait pas même lieu à déférer le serment ni à faire interroger le débiteur sur le fait de cette promesse d'intérêts : la loi voulait qu'elle fût rédigée par écrit, afin de prévenir toute difficulté à ce sujet. On peut considérer la promesse non rédigée par écrit comme en droit romain on considérait la promesse d'intérêts qui, dans nos contrats de prêt, n'était point faite en la forme de la stipulation, mais du simple prêt, promesse qui ne produisait aucune action. »

D'après M. Colmet de Santerre, voici quelle serait

_____

(1) Demante et Colmet de Santerre, T. VIII, 114 bis; p. 95.

exactement la portée de cette règle : « Elle est conçue,
dit-il, dans des termes analogues à celle de l'article
1326, qui ne permet pas de se prévaloir d'un écrit
sous seing privé constatant une obligation de somme
d'argent, si l'écrit n'est pas tout entier de la main
du débiteur, ou si au moins sa signature n'est pas
précédée d'un bon ou approuvé portant indication
de la somme dùe.

Donc, l'article 1907 se permet pas d'invoquer une
convention, même constatée par écrit, si le taux de
l'intérèt n'est pas fixé par écrit » (1).

Mais si l'écrit, sans prononcer le mot intérèt,
constate l'obligation de payer une somme supérieure
à celle que le prèteur aurait réellement versée, l'excédant représentant dans la pensée des parties les
intérêts a courir jusqu'à l'échéance. Suivant Merlin,
en effet, l'article 1907 qui veut que le taux de l'intérèt soit fixé *par écrit*, ne doit pas ètre entendu en ce
sens que la stipulation d'intérèts serait nulle lorsqu'elle a été déguisée et fondue dans un acte avec le
capital ; elle ne serait nulle ou plutòt réductible,
qu'autant qu'elle serait excessive. Le motif en est
que les parties sont admises à faire, par un moyen
indirect, ce que la loi leur permet de faire directement (2).

La Cour de Cassation a décidé, par arrêt du 29

(1) Demante et Colmet de Santerre, T. VIII, 115. bis, XII, p. 101.
(2) Dalloz. *Rép. alph. V°. Prêt à intérêts et à usures* n° 23.

janvier 1812, que la Convention devait être annulable dans le cas seulement où la confusion du capital et des intérêts laisse de l'incertitude sur le taux auquel l'intérêt a été stipulé. Il faut, ainsi que le fait remarquer M. Colmet de Santerre, faire des réserves pour le cas de fraude, c'est-à-dire pour le cas où cette confusion du capital et des intérêts dissimulerait une perception d'intérêts usuraires ; l'emprunteur prouverait la fraude par tous les moyens possibles, et obtiendrait la diminution du chiffre de l'obligation ou la restitution de ce qu'il aurait payé en trop, dans les termes de la loi de 1850 contre l'usure.

Reste une dernière question.

Certains auteurs ont soutenu que la disposition de la loi de 1807 qui fixe le maximum du taux de l'intérêt conventionnel, avait pour résultat de rendre sans objet la règle finale de l'article 1907, et par suite de l'abroger tacitement. M. Colmet de Santerre a soutenu l'opinion contraire et c'est celle que nous adopterons : « Nous avons dit, en effet, que le but était de réprimer l'usure en forçant l'usurier à constater par écrit à quel taux exagéré il prêtait son argent. Certes, la loi de 1807 a pris un procédé qui doit avoir un effet plus certain. Mais ce n'est pas une raison pour supposer une abrogation que la loi n'a pas prononcée. N'est-il pas bon que le débiteur sache qu'il devra des intérêts et quels intérêts, et quel meilleur moyen de ne laisser aucun doute dans son esprit que

de le forcer à signer une convention sur ce point ?
Il y a là une mesure de protection que la loi de
1807 ne rend pas inutile, et l'on s'explique qu'une
règle inspirée en 1804 par le désir d'agir sur le prêteur
ait été maintenue en 1807, parce qu'elle peut avoir
une influence salutaire sur la volonté de l'emprunteur. » (1)

§ VII. — Nantissement.

Aux termes de l'art. 2074 C. civ. : « le privilège
(résultant du gage) n'a lieu qu'autant qu'il y a un
acte public ou sous seing privé, dûment enregistré,
contenant la déclaration de la somme dûe, ainsi que
l'espèce et la nature des choses remises en gage, ou
un état annexé de leurs qualités, poids et mesure.

La rédaction d'un écrit et son enregistrement ne
sont néanmoins prescrits qu'en matière excédant la
preuve de cent cinquante francs.

Aux termes de l'art. 2085 C. civ. : « l'antichrèse
ne s'établit que par écrit ».

Nous allons étudier successivement ces deux dispositions.

a). — Gage.

L'art. 2074 paraît établir nettement une distinc-

(1) Demante et Colmet de Santerre, T. VIII. 115 bis. XI, p. 100
et 101.

tion entre le cas où il s'agit de prouver le gage entre les parties contractantes et le cas où il s'agit de prouver le gage à l'encontre des tiers.

Le contrat de gage, en tant qu'il peut produire des effets entre les deux parties seulement, n'est soumis à aucune règle particulière concernant la preuve.

Il peut être prouvé par l'aveu, par le serment décisoire ou le refus de serment, enfin par la preuve testimoniale lorsque l'objet engagé n'a pas une valeur supérieure à 150 francs, et dans les hypothèses exceptionnelles des articles 1347 et 1348.

« S'il ne s'agit, disait Gary, orateur du Tribunat au Corps Législatif, que de l'effet que doit avoir la convention entre le créancier et le débiteur, les règles suivant lesquelles cette convention doit être établie sont celles prescrites par la loi des *contrats et obligations conventionnelles en général*. Mais si cette convention doit être opposée à des tiers, si le détenteur du gage réclame, au préjudice de ces tiers, le privilège que la loi lui assure, il il faut alors que la remise de ce gage ou la convention dont elle est l'effet ait une date certaine qui exclue toute idée de fraude ou de collusion entre ce détenteur et le propriétaire du gage. Sans cette précaution, un débiteur infidèle, au moment où il verrait que ses effets mobiliers vont être mis sous la main de la loi, parviendrait, par des intelligences criminelles, à les soustraire à l'action de ses créanciers. »

Aussi l'art. 2074 a-t-il restreint sa disposition au règlement des conditions d'exercice du privilège, c'est-à-dire du droit de préférence en vertu duquel le créancier est payé sur le prix de l'objet engagé avant tous les autres créanciers. « Il ne faut pas que les créanciers d'une personne soient primés par un d'entre eux qui n'aurait pas exigé de gage lors de la naissance de son droit, mais qui voyant venir l'insolvabilité du débiteur commun, profiterait des embarras de celui-ci pour obtenir de lui un droit de préférence n'ayant pas d'autre raison d'être que la faiblesse ou la faveur du débiteur (1). »

Il faut remarquer que l'art. 2074 exige un écrit et son enregistrement en matière excédant 150 francs.

Au-dessous de 150 francs, la loi étant muette, ce sont les règles générales qu'il faut appliquer.

Au-dessus de 150 francs, il faut un écrit et il faut de plus que cet écrit soit enregistré pour que le gage soit opposable aux tiers. « L'enregistrement doit, en matière excédant 150 francs, être considéré comme une formalité absolument indispensable pour l'efficacité du droit de gage à l'égard des tiers. En l'absence de cette formalité, le droit de gage ne pourrait être invoqué par les tiers, lors même que l'acte de constitution aurait reçu date certaine par

____

(1) Demante et Colmet de Santerre. T. VIII, 299 bis. II, *in fine*, p. 362.

l'une des autres circonstances indiquées dans l'art. 1328 : en fait d'établissement de privilège, tout est de rigueur. » Cette opinion a été vivement combattue, mais MM. Aubry et Rau l'ont formellement maintenue en faisant observer que : « Si, dans la pensée du législateur, la formalité de l'enregistrement avait dû pouvoir se remplacer par l'une des circonstances indiquées à l'art. 1328, il n'aurait pas eu besoin, en présence de la règle générale posée par cet article, de s'occuper spécialement de ce point dans l'art. 2074, ou tout au moins se serait-il borné, comme il l'a fait aux art. 1420, 1558, 1743, 1750 et 2102 n° 1 à exiger un acte ayant date certaine (1) ».

Toutes ces règles s'appliquent aussi à la mise en gage des effets au porteur qui sont assimilables aux meubles corporels : la tradition ne suffirait pas pour constituer un gage efficace à l'égard des tiers. Au dessus de 150 francs, il faut donc un écrit enregistré.

Quant aux créances, leur mise en gage est réglée par l'art. 2075 et les formalités indiquées par cet article, montrent bien qu'un écrit est indispensable pour assurer la constitution du gage, et par suite, la preuve.

La preuve testimoniale sera donc admise entre les parties suivant le droit commun ; ce n'est qu'à l'é-

____

(1) Aubry et Rau. T. IV. § 432, note 7, p. 701.

gard des tiers que l'art. 2074 consacre une restriction.

b) Antichrèse.

Au contraire, la preuve testimoniale ne sera pas admise pour prouver un droit réel, dérivant d'une antichrèse.

D'après l'article 2085, l'antichrèse ne s'établit que par écrit. « Cette règle, qu'il eût été inutile de retracer si l'on eut voulu la laisser circonscrire dans les termes ordinaires de la législation sur les contrats, disait le conseiller d'État Berlier, indique ici que, lors même que le fonds vaudrait moins de 150 francs, nul ne peut s'y entremettre ou du moins s'y maintenir contre le vœu du propriétaire en alléguant des conventions verbales qui, en cette matière, pourraient devenir le prétexte de nombreux désordres. »

Aussi, la loi ne fait-elle aucune distinction ; l'art. 2085 exige un écrit, en n'admettant que cette preuve. Il en résulte que, même entre les parties, la preuve testimoniale est inadmissible pour prouver une antichrèse.

C'est une rigueur excessive qui tient, dit M. Colmet de Santerre, à ce que la loi n'a pas distingué la situation des parties et celle des tiers, et qu'elle a écrit un article général là où elle songeait surtout à prévenir des fraudes préjudiciables aux tiers, par exemple aux autres créanciers, au détriment desquels on créerait tardivement un droit d'antichrèse, alors que l'état des affaires du débiteur commun demande qu'une parfaite égalité soit maintenue entre les créanciers (1).

Remarquons qu'en vertu de la loi du 23 mars 1855, l'antichrèse ne peut être opposée aux tiers qu'autant que l'acte constitutif a été transcrit; à cet égard, il faut donc qu'un écrit soit rédigé, enregistré et transcrit.

Mais la même exigence ne se justifie certainement pas entre les parties; néanmoins, nous devons reconnaître que l'art. 2085 est formel.

§ VIII. — **Autres articles contenus dans le code civil.**

Tous les autres articles ne font que consacrer les règles générales. Ce sont les articles suivants :

Article 1582 : « La vente peut être faite par acte authentique ou sous seing privé. »

Article 1834 : « Toutes sociétés doivent être rédigées par écrit, lorsque leur objet est d'une valeur de plus de cent cinquante francs.

La preuve testimoniale n'est point admise contre et outre le contenu en l'acte de société, ni sur ce qui serait allégué avoir été dit avant, lors, et depuis cet

---

(1) Demante et Colmet de Santerre. T. VIII, 318 bis. III, p. 399 et 400.

acte, encore qu'il s'agisse d'une somme ou valeur moindre de cent cinquante francs. »

Article 1923. — Le dépôt volontaire doit être prouvé par écrit. La preuve testimoniale n'en est point reçue pour valeur excédant cent cinquante francs.

Article 1950. — La preuve par témoins peut être reçue par le dépôt nécessaire, même quand il s'agit d'une valeur au-dessus de cent cinquante francs.

Article 1985. — Le mandat peut être donné ou par acte public, ou par écrit sous seing privé, même par lettre. Il peut aussi être donné verbalement ; mais la preuve testimoniale n'en est reçue que conformément au titre des *contrats ou des obligations convention-nelles en général*.

§ IX. — **Projet de loi du 10 Juin 1895.**

Signalons, en terminant, la proposition que M. Talou a déposée le 10 juin 1895, à la Chambre des députés, dans le but de modifier l'art. 1715 C. c., en ce sens que si le bail est fait sans écrit et que l'une des parties le nie, la preuve du bail puisse être faite par témoins, qu'il ait ou non reçu un commencement d'exécution, si le prix annuel de ce bail n'excède pas 300 francs.

M. Talou, ayant limité le projet de sa réforme à la somme de 300 francs, il en convient qu'au-delà de ce chiffre le serment seul puisse être déféré à celui qui nie le bail.

Nous savons quels sont les motifs pour lesquels le législateur a consacré des règles exceptionnelles dans cette matière. On a craint surtout la multiplicité des petits procès.

Nous avons dit, ailleurs, que la subornation des témoins et la multiplicité des procès ne sont pas si dangereuses à l'heure actuelle ; aussi croyons-nous que la mesure exceptionnelle apportée dans l'article 1715 à la preuve testimoniale produit, dans la pratique, des inconvénients plus graves que ceux qu'elle a voulu éviter. La prohibition de la preuve testimoniale ne donne-t-elle pas naissance à de plus nombreuses difficultés dans les cas de cette nature, se demande M. Talou ?

« Les baux de minime valeur ne sont presque jamais écrits, et les constatations qui ont leur origine dans l'accord verbal, l'exécution ou la résiliation, ne peuvent être résolues qu'au profit de la partie qui les nie de mauvaise foi ; c'est, la plupart du temps, l'injustice qui est consacrée et qui triomphe. Un modeste ménage loue, moyennant 200 francs par an, un petit appartement, et il donne pour sceller la convention un à-compte de 20 francs, si le propriétaire, de mauvaise foi, nie le bail, le locataire qui n'aura pas eu la précaution de se faire délivrer un écrit, n'est pas admis à établir la convention par la preuve testimoniale. Il est même très exposé à perdre les arrhes données ».

« Un propriétaire qui permet à un locataire, sans avoir un écrit, d'occuper sa maison ou son champ pendant quelque temps n'a pas le droit d'établir par témoins qu'il y a eu bail consenti entre eux, le prix de ce bail ne serait-il que de 10 francs (1) ».

Les motifs invoqués par M. Talou nous semblent assez sérieux, et cette proposition, se référant à une question spéciale contenue dans l'article 1715 C. c., pourrait être acceptée même dans le cas où on voudrait conserver intacts les principes généreux de l'article 1341 C. c., sauf la limite.

Dans le projet de loi présenté le 10 juin 1895 à la Chambre des Députés, dans le but de modifier l'article 1341 et suivants C. c., figure aussi l'article 2044 C. c.

Voici le texte que propose M. Talou : « Art. 2044. La transaction est un contrat par lequel les parties terminent une contestation née, ou préviennent une constestation à naître. Ce contrat serait rédigé par écrit lorsqu'il portera sur une somme en valeur excédant trois cents francs, et les dispositions de l'article 1341 lui seront applicables ».

Dans cette hypothèse, comme dans celle du bail et d'autres encore : sociétés de commerce, (art. 41

---

(1) *Exposé des motifs*, p. 8 et 9.

C. com), le compromis (art. 1005 C. pr. civ.), etc. ;
des raisons diverses ont amené le législateur à des
exigences plus étroites que celles de l'article 1341
C. c., dit M. Sauzet. Pour la transaction, l'article 2044
repose sur cette idée qu'elle doit terminer un procès et que se serait risquer d'en faire naître un nouveau que d'en laisser dépendre l'effet des résultats de
la preuve testimoniale (1).

Mais ne faut-il pas reconnaître avec M. Talou, que
lorsque la transaction ou la conciliation porte sur
une somme ou sur une valeur minime, les parties
n'ont presque jamais recours à un écrit et s'en rap-
portent à la parole donnée ? Si l'une d'elles y manque,
ne doit-on autoriser l'autre à prouver par témoins
l'authenticité de l'accord qui a terminé le différend ?
Il est bien évident qu'une nouvelle convention a an-
nulé la première sur laquelle a roulé le débat, dit
M. Talou, et par conséquent, elle doit bénéficier de
mêmes règles et de mêmes avantages qu'une convention ordinaire (2).

---

(1) Sauzet. — *Rapport présenté par M. Sauzet à la Chambre
des Députés, sur le projet de loi de M. Talou. — Revue critique
de Législ. et Jurispr.* 1896, p. 120.
(2) *Exposé des motifs*, p. 9 et 10.

SECTION III

LA PROHIBITION DE LA PREUVE TESTIMONIALE EST-ELLE D'ORDRE PUBLIC OU PRIVÉ?

La prohibition de la preuve testimoniale est d'ordre public autant que d'intérêt privé, disent MM. Aubry et Rau. Il résulte notamment de ce principe que la preuve testimoniale est inadmissible, le juge doit la rejeter d'office, quoique la partie contre laquelle on entend l'administrer ne s'oppose point à son admission ou y consente même formellement (1).

Conformément à cette doctrine, le tribunal de Luxembourg, par un jugement du 23 mars 1892, a décidé que le juge ne peut pas admettre la preuve par témoins, quand il s'agit d'une somme supérieure à 150 francs, alors même que les parties seraient d'accord pour l'admission de cette preuve, « attendu qu'une doctrine presque unanime, ainsi qu'une jurisprudence imposante, admettent que la prohibition de l'art. 1341 C. c. est d'ordre public ; que l'accord invoqué des parties n'est d'aucune relevance, celles-ci ne pouvant, aux termes de l'art. 6 du même Code, déroger, par leurs conventions, aux lois qui intéressent l'ordre pu-

______

(1) Aubry et Rau, t. VIII, p. 295.

blic et les bonnes mœurs ; attendu que le caractère public était déjà reconnu à cette disposition sous l'empire de l'ordonnance de Moulins, de laquelle elle a passé dans nos codes ; qu'à cette époque, on s'accordait à dire que le but de la loi était de réduire le nombre des procès et d'empêcher la subornation des témoins ; que cette dernière considération a certainement un caractère de haute moralité et d'intérêt général (1). — M. Colmet de Santerre croit que cette doctrine rigoureuse n'est pas celle du C. c., « car il n'a pas déclaré que sa disposition ne pouvait être enfreinte par la volonté des parties, comme il aurait dû le faire en présence des difficultés qui s'étaient élevées autrefois, et son silence doit être plutôt favorable à la liberté qu'à la restriction. Son texte emprunté à l'ordonnance n'est pas catégorique. Quant au fond de la disposition, si l'on ne peut pas nier qu'elle s'inspire de considérations d'intérêt général, comme au reste toutes les règles législatives, ce n'est pas, en réalité, une disposition d'ordre public. — Le but du législateur est que les parties rédigent un écrit dans le principe ; ce but est atteint par cela seul que la partie sait qu'en l'absence d'écrit, elle dépendra de l'adversaire, qui sera maître de s'opposer à l'enquête. Il y a là une sanction suffisante de la règle, et il ne faut pas en outrer la sévérité. Il faut enfin

(1) Trib. du Luxembourg, 23 mars 1892. Sirey, 1893, 4. 23.

remarquer que la partie à qui l'on refuserait le droit de consentir directement à l'enquête, arriverait indirectement à ce résultat en donnant un écrit assez vague pour ne pas prouver contre elle, mais qui pourrait être accepté comme commencement de preuve par écrit, ou en constituant un tribunal d'arbitres amiables compositeurs, dispensés, en cette qualité, de l'application des règles du droit. »

La jurisprudence paraît s'être ralliée à cette docdoctrine.

En 1880, le tribunal de Boulogne avait décidé que la prohibition édictée par l'art. 1341 C. c. de recevoir la preuve testimoniale de toute chose ou valeur excédant 150 francs, doit être considérée comme une prohibition d'ordre public ; « il suffit, disait ce tribunal, de se reporter aux motifs et aux considérations qui ont fait introduire la dite prohibition pour se convaincre qu'elle n'a pas été admise uniquement dans l'intérêt des parties, mais aussi, et surtout, dans un intérêt d'ordre et de moralité publics ; qu'en effet, en adoptant cette disposition, le législateur a eu surtout en vue de prévenir la multiplicité des procès, et que, sous ce rapport, son but est manifestement tout d'intérêt général. » — Mais la Cour de cassation, par arrêt du 24 août 1880, a cassé la décision du tribunal de Boulogne, et, sur le point qui nous occupe, a décidé que les dispositions du Code civil relatives à la preuve par témoins n'étaient pas d'ordre public.

« Attendu... que le jugement attaqué a rejeté cette offre de preuve (par témoins) (1), sous l'unique prétexte qu'elle était contraire aux dispositions du Code civil concernant la preuve testimoniale ; mais attendu que ces dispositions se bornent à restreindre l'exercice de ce mode de preuve sans le proscrire d'une manière absolue ; qu'elles l'admettent même, dans certains cas, au nombre des preuves légales ; que, dès lors, les règles qu'elles édictent ne constituent pas des prescriptions d'ordre public, auxquelles il soit interdit de déroger par des conventions particulières, d'où il suit, qu'en décidant le contraire et en refusant d'apprécier le litige au point de vue du statut anglais, qui devait le régir, les juges du fond ont faussement appliqué l'art. 1341 C. c. et violé l'art. 1134, — Casse... etc. »

M. l'avocat général Desjardins avait conclu dans le même sens, dans cette affaire. « Peut-on admettre, « disait-il, que le législateur de l'an XII ait regardé « l'art. 1341 C. c. comme une disposition d'ordre « public ? » Il y a certaines preuves que notre droit public peut réprouver, et, si quelque pays, par exemple possédait encore la preuve par combat judiciaire, les contractants seraient assurément mal fondés à la réclamer devant un tribunal français. Mais en est-il

(1) Il s'agit de prouver que la soulte dans un échange passé en Angleterre était de 375 fr., disait le défenseur ; de 1.000 fr., disait le demandeur.

ainsi de la preuve testimoniale? N'est-elle pas la preuve de droit commun, la preuve par excellence, en matière commerciale? Le Code civil la prohibe-t-il? Non; il la restreint. Il va jusqu'à en subordonner l'admissibilité, dans certains cas, à la qualité des personnes et aux circonstances du fait. Voilà donc une prohibition purement relative et contingente, non une prohibition d'ordre public (1).

La Cour de cassation a confirmé encore cette jurisprudence par arrêt du 1er juin 1893. « Attendu que la prohibition de la preuve testimoniale au-dessus de 150 fr. n'est pas d'ordre public; que les parties peuvent y renoncer même tacitement, à la condition toutefois que les faits invoqués comme constituant un acquiescement soient incompatibles avec l'intention de protester, et ne laissent aucun doute sur le consentement de la partie dont ils émanent (2) ».

C'est cette opinion que nous adoptons. — En outre des arguments de MM. Colmet de Santerre et Desjardins, nous ferons observer que les règles de la preuve doivent toujours être inspirées par la nécessité de rendre la recherche de la vérité aussi facile que possible. Quand deux parties sont assez honnêtes pour ne pas chercher à bénéficier des entraves que la loi met à la recherche de la vérité; quand elles

(1) Sirey, 1880, 1. p. 414.
(2) Cass., *Chambre civile*, 1er juin, 1893. Sirey, 1893, 1. p. 285.

montrent, par leur désintéressement, leur volonté d'aboutir à la reconnaissance loyale et sincère de leurs droits, serait-il juste d'annuler leurs conventions ? Nous ne le croyons pas et nous déciderons que les parties peuvent déroger par convention spéciale à l'art. 1341. Nous croyons que la prohibition de la preuve testimoniale, dans le Code civil, est une règle d'ordre purement privé.

CHAPITRE II

CAS DANS LESQUELS LA PREUVE PAR TÉMOINS EST
TOUJOURS ADMISE.

Après avoir examiné la portée des deux principes
exclusifs de la preuve testimoniale, il nous reste à
dire les dérogations qu'ils subissent. En effet, la
preuve testimoniale est admissible, tant au-dessus de
150 francs que contre et outre le contenu aux actes :

1° Lorsqu'il existe un commencement de preuve
par écrit (art. 1347 C. c.);

2° Lorsqu'il a été impossible à celui qui invoque
la preuve testimoniale, soit de se procurer une preuve
littérale, soit de prévenir la perte de celle qu'il s'était
procurée (art. 1348 C. c.).

« Ces deux exceptions sont complètement indépendantes l'une de l'autre. Il en résulte que celui qui a
perdu un titre autrement que par un cas fortuit ou
par un événement de force majeure, bien que non
admis à invoquer l'art. 1348, peut cependant, à l'aide
d'un commencement de preuve par écrit, demander,

en vertu de l'art. 1347, à prouver par témoins le fait juridique dont ce titre constatait l'existence. » (1).

SECTION I

COMMENCEMENT DE PREUVE PAR ÉCRIT.

D'après l'article 1347 C. c. il résulte qu'à l'aide d'un commencement de preuve par écrit, la preuve testimoniale sera admissible, soit à l'égard de toutes les conventions dont l'intérêt dépassera cent cinquante francs, soit contre et outre le contenu aux actes, et la jurisprudence l'admet encore pour établir toutes les dérogations, modifications ou additions verbales qui y auraient été faites postérieurement.

Le Code définit le commencement de preuve par écrit « tout acte, par écrit, qui est émané de celui contre lequel la demande est formée, ou de celui qu'il représente et qui rend vraisemblable le fait allégué (art. 1347 C. c.) » ; la définition que le Code donne du commencement de preuve par écrit implique le concours de trois conditions. Ainsi pour qu'un commencement de preuve par écrit puisse exister, il faut : 1° qu'il y ait un écrit ; 2° que l'écrit émane de la

____

(1) Aubry et Rau, t. VIII, p. 327.

personne à laquelle on l'oppose ; 3° qu'il rende vraisemblable le fait allégué.

I. L'article emploie l'expression « *acte écrit* ».
Il aurait été plus exact de dire simplement écrit ;
car le mot « *acte* » a un sens technique qui ne s'applique pas à tous les écrits. Ainsi, une lettre missive
n'est pas un acte, mais elle peut constituer un commencement de preuve par écrit, et toute espèce
d'écrits, quel qu'en soit la forme et quel que soit le
but dans lequel ils ont été rédigés, sont susceptibles de former des commencements de preuve par
écrit ; tels sont les livres de commerce, les papiers
domestiques, les inscriptions faites au dos ou en marge
d'un acte instrumentaire, les simples notes inscrites
sur des feuilles volantes (1).

II. L'article ajoute que l'écrit doit émaner de la personne à laquelle on l'oppose. Mais quand peut-on
dire que l'écrit émane d'une personne ? Pour qu'un
écrit puisse être considéré comme émané d'une personne, deux conditions sont nécessaires : « il faut d'a-
bord que le contenu de cet écrit soit, moralement et
juridiquement parlant, l'œuvre de cette personne,
c'est-à-dire que celle-ci soit l'auteur des dispositions
ou déclarations qu'il renferme ou que, du moins, elle
se les soit appropriées par son acceptation expresse
ou tacite » (2). Il faut ensuite qu'il soit établi, soit

(1) Cass., 9 juillet 1890. Sirey, 92, I. 557.
(2) Aubry et Rau. T. VIII, p. 332.

par la signature, soit par l'écriture de la personne à
laquelle on l'oppose, soit par l'authenticité de l'écrit,
que ses dispositions ou déclarations sont réellement
l'œuvre de cette personne. En d'autres termes, la
condition de la personnalité de l'écrit doit résulter
ou d'un acte public, dans lequel celui contre qui on
veut faire la preuve a été partie, ou d'un acte privé
signé de lui, ou du moins écrit de sa main.

Chacune des circonstances indiquées, à savoir :
la signature, l'écriture ou l'authenticité, suffit à elle
seule, indépendamment du concours des deux autres
pour déterminer la personnalité de l'écrit (1). Ainsi,
pour les actes privés, il suffit de la signature quoique le corps de l'acte soit de la main d'un tiers, ou,
en sens inverse, il suffit du corps de l'écriture bien
qu'il ne soit pas signé. Il se peut encore qu'un écrit
sous seing privé émane d'une personne quoiqu'elle
ne l'ait ni signé ni écrit. Ainsi, la Cour de cassation
a décidé que les registres tenus par les clercs d'un
notaire émanent de ce notaire et forment un commencement de preuve par écrit (2). Mais ce que nous
disons des registres ne peut s'appliquer aux notes
qui se trouvent parmi les papiers d'une personne et
qui ne sont ni signées ni écrites par elle, parce que
rien ne prouve que ces notes soient l'œuvre de la
personne à laquelle on les attribue.

(1) Aubry et Rau. T. VIII, p. 334.
(2) Cass., 16 mars 1881. Dalloz, 82, 1. 371.

Nous trouvons, parmi les actes authentiques, quelques-uns qui ont le caractère d'un commencement de preuve par écrit sans qu'il y ait écriture ou signature de la personne à laquelle on l'oppose. — Ainsi la Cour de Pau a jugé que le commencement de preuve par écrit peut être puisé dans les interrogatoires sur faits et articles (1). Les interrogatoires subis à l'audience, lorsqu'il a été dressé procès-verbal et que les parties ont été mises en demeure de reconnaître la vérité de leurs réponses (2), peuvent constituer un commencement de preuve par écrit ; de même les déclarations faites devant un juge d'instruction, car ces déclarations sont constatées authentiquement par un magistrat ayant mission de les recevoir (3), les énonciations insérées dans un exploit ou acte de procédure, ainsi le procès-verbal d'offres faites par un huissier à la requête de la partie, car l'acte est censé émaner de la partie lorsqu'il est dressé à sa requête et dans la forme requise par la loi (4).

De même, peut constituer un commencement de preuve par écrit, la convention sous seing privé relative au droit en litige, convention dont l'original n'est point versé au procès, mais dont la copie a été

____

(1) Pau, 12 janvier 1874. Sirey, 76, 2. 2.
(2) Cass., 29 décembre 1879. Dalloz, 80, 1. 375.
(3) Cass., 19 décembre 1884. Dalloz, 85. 427.
(4) Cass., 5 janvier 1883. Dalloz, 83, 1. 366.

signifiée à l'auteur de la partie qui l'invoque, par exploit d'huissier, à la requête de l'auteur de son adversaire (1). Les réponses aux interpellations faites par le juge de paix et consignées dans le procès-verbal de comparution devant le bureau de conciliation (art. 54 C. pr. c.) (2) ; mais les déclarations faites lors d'une comparution en personne à l'audience et constatées dans les notes du greffier, quoique déclarées par le tribunal conformes à ses souvenirs, ne sauraient servir comme commencement de preuve par écrit pour autoriser à établir par témoins l'existence d'une convention. La Cour d'Amiens, dans un arrêt du 22 janvier 1878, a combattu la doctrine antérieure de la Cour de cassation d'après laquelle il suffit, pour que les déclarations d'une partie puissent servir de commencement de preuve par écrit, que la substance en soit consignée dans les qualités et les motifs du jugement, de telle sorte que les juges d'appel soient à même de contrôler l'appréciation des juges du premier degré (Cassation, 17 janvier 1866).

Mais les aveux, faits devant un tribunal de police correctionnelle ou devant une cour d'assises, ne forment point un commencement de preuve par écrit lorsqu'ils ne sont constatés que par les notes sommaires du greffier, puisque ces notes ne sont revê-

(1) Cass., 16 juin 1890. Sirey, 1892, 1. 385.
(2) Duvergier sur Toullier, t. V, nº 119.

tues d'aucun caractère d'authenticité (1). — Les actes que nous venons d'énumérer doivent être revêtus des formes solennelles exigées pour l'authenticité et avoir été dressés par un greffier compétent et capable. Cette observation nous amène à dire que les énonciations ou déclarations contenues dans un acte invoqué comme authentique, mais qui est dépourvu de ce caractère, soit parce qu'il est entaché d'un vice de forme, soit parce qu'il a été reçu par un officier public incompétent ou incapable, ne peuvent former un commencement de preuve par écrit contre la partie qui n'a ni écrit ni signé cet acte, bien qu'il ait été revêtu de la signature de l'autre partie. Mais nous ne pensons pas qu'elles ne peuvent être opposées à celle qui a signé l'acte, bien qu'il ne fût pas signé de l'autre sans faire de différence, à cet égard, entre les conventions synallagmatiques et les conventions unilatérales.

On a émis un avis contraire, pour le cas où il s'agit d'une convention synallagmatique. On a enseigné que la pensée du législateur serait, d'après l'article 1325 C. c., d'établir une égalité de position entre les personnes qui sont parties à des conventions bilatérales. Or, cette égalité serait rompue et l'esprit de la loi serait méconnu si l'un des contractants avait, contre son adversaire, une preuve qui

(1) Nancy, 4 mars 1893. Sirey, 93, 2. 173.

ferait défaut à ce dernier. Nous admettons que tel peut être, en effet, le désir du législateur, lorsqu'il s'agit d'écrits faisant par eux-mêmes foi complète de la convention synallagmatique invoquée. Mais nous nous refusons à poser en principe que la loi a entendu subordonner l'admission de toute preuve ou de tout commencement de preuve à la condition que la partie adverse aurait à sa disposition les mêmes modes de preuve ou les mêmes commencements de preuve par écrit.

En principe, l'écrit émané d'un tiers ne peut servir de commencement de preuve par écrit. Quels que soient les rapports qui unissent deux personnes, les actes provenant de l'une d'elles ne valent point à l'égard de l'autre commencement de preuve par écrit, lorsque la dernière n'est ni l'ayant cause ni le mandant de la première (1) ; ainsi, la lettre écrite par le mari ne forme pas un commencement de preuve par écrit contre sa femme séparée de biens, alors même que le mari aurait agi en qualité de *negotiorum gestor* de la femme et celle de la femme commune en biens ne forme pas commencement de preuve par écrit contre les héritiers du mari (2).

L'écrit émané de l'un des copropriétaires par indivis d'un immeuble ou de l'un des cohéritiers du débiteur ne peut être opposé comme commence-

(1) Cass., 17 septembre 1853. Sirey, 53, 2, 228.
(2) Aubry et Rau. t. VIII, p. 328, note 34.

ment de preuve par écrit, ni aux autres copropriétaires, ni aux autres cohéritiers. — L'art. 1347 C. c.
assimile aux actes émanés de celui à qui on les oppose, les actes émanés de celui qu'il représente, et il
faut ajouter, de celui par lequel il a été représenté.
Les héritiers représentent leur auteur : donc, tout
acte émané de ce dernier peut leur être opposé. L'acte
qui constituait un commencement de preuve par
écrit à l'égard du *de cujus*, aura nécessairement le
même caractère vis-à-vis des héritiers. L'acte émané
du débiteur peut être opposé à ses créanciers : ainsi,
la demande d'une femme ou de ses représentants,
tendant à faire déclarer que cette femme s'est obligée solidairement avec le mari lui-même ; dès lors
un acte émané de celui-ci peut servir à la femme, à
l'encontre des créanciers du mari, de commencement
de preuve par écrit de l'existence de l'engagement
solidaire (1). De même, l'écrit émané du mandataire
en cette qualité, peut être opposé au mandant ; peu
importe qu'il s'agisse d'un mandataire conventionnel
ou d'un mandataire légal (2). Tels sont les actes
émanés des tuteurs à l'égard de leurs pupilles, et ceux
émanés de maris, communs en biens, à l'égard de la
communauté et de la femme, pour tous les actes accomplis, dans la limite de leurs pouvoirs. Mais, en
dehors des actes d'administration, s'il s'agit d'actes

(1) Cass., 19 mai 1890. Sirey, 91, 1. 337.
(2) Nancy, 4 mars 1893. Sirey, 93, 2. 173, déjà cité.

pour lesquels le consentement de la femme est nécessaire, l'écrit émané du mari seul ne saurait être considéré comme un commencement de preuve par écrit, à moins que la femme ne l'ait constitué son mandataire.

L'écrit qui ne réunit pas les conditions requises pour pouvoir être considéré, d'après ce qui précède, comme émané d'une personne, n'est pas susceptible de lui être opposé à titre de commencement de preuve par écrit, peu importe, dit la Cour de cassation, que l'écrit ait été produit au procès par la partie contre laquelle on le retorque et qu'elle en ait fait usage à son profit. L'une et l'autre circonstance ne sauraient, à défauts d'une acceptation expresse de l'écrit, le faire considérer comme émané de la partie, elle-même, et comme lui étant devenu propre (1).

Toutefois, les articles 1335 et 1336 C. c. accordent la valeur d'un commencement de preuve par écrit à de simples copies et transcriptions d'actes publics. Ce sont des exceptions apportées au principe général établi par l'article 1347 C. c., et, comme toutes les exceptions, elles doivent recevoir une interprétation restreinte (2).

III. L'art. 1347 C. c. ajoute que l'écrit, invoqué,

(1) Cass., 6 janvier 1891. Sirey, 91, 1. 69.
(2) Aubry et Rau. T. VIII, p. 285, note 8.

comme commencement de preuve par écrit, doit rendre vraisemblable le fait allégué.

La vraisemblance résulte de faits, d'indices, de présomptions, qui, sans établir avec certitude l'existence du fait allégué amènent cependant l'esprit du juge à penser que l'allégation a de grandes chances d'être fondée.

La question de savoir, si, l'écrit invoqué rend ou non vraisemblable le fait allégué est une question de fait entièrement abandonnée à l'appréciation du juge (1).

Quant à la question de savoir, si tel écrit présente ou non les caractères légaux d'un commencement de preuve par écrit, c'est une question de droit dont l'examen peut être déféré à la Cour de cassation (2).

Il est impossible d'énumérer tous les écrits qui peuvent paraître au juge rendre vraisemblables les faits allégués ; mais dès qu'un écrit produira cet effet, si, de plus, il émane de la personne à qui on l'oppose, il pourra servir de commencement de preuve par écrit, quel que soit d'ailleurs la cause pour laquelle il ne forme pas preuve complète.

En dehors des exemples que nous avons déjà vus, nous allons indiquer encore quelques actes qui peuvent paraître vraisemblables au juge, par conséquent qui peuvent servir de commencement de preuve par

(1) Cass., 12 mai 1886. Sirey, 90, 1. 326.
(2) Cass., 28 février 1887. Sirey, 90, 1. 325.

écrit, quoiqu'il soit impossible de les dénombrer tous et de préciser tous les cas, dans lesquels un commencement de preuve par écrit peut se rencontrer.

Ainsi, il y a des actes qui contiennent des énonciations suffisantes pour constater le fait allégué, mais non pour fournir la preuve complète de la convention des parties, soit parce qu'ils n'ont pas eu eux-mêmes la force d'une preuve pleine et entière, soit parce qu'ils manquent de quelque condition requise par la loi. Parmi ceux-ci nous pouvons citer : 1° L'acte qui n'est pas authentique par suite de l'incompétence ou de l'incapacité de l'officier ou d'un défaut de forme, pourvu qu'il ne soit pas signé de toutes les parties ; car alors, il vaudrait comme écriture privée, et, par conséquent, ferait preuve complète (arg. art. 1318 C. c.) ; 2° Les énonciations, qui n'ont pas un rapport direct avec la disposition principale d'un acte authentique ou sous seing privé (art. 1320 C. c.) ; 3° Les actes sous seing privé contenant des dispositions synallagmatiques, lorsqu'ils n'ont pas été faits en autant d'originaux qu'il y avait de parties ayant un intérêt distinct, ou si les originaux, étant en nombre suffisant, ne portent pas mention de l'accomplissement de cette formalité (art. 1325 C. c.). Cette opinion, quoique adoptée par la jurisprudence et la plupart des auteurs, est toutefois controversée. On soutient que l'absence du double prouve que la prétendue convention est demeurée à l'état de simples pourparlers, n'est qu'un projet abandonné ; que d'ailleurs, la personne munie de l'original unique serait armée d'un privilège qui détruirait l'égalité nécessaire entre les deux parties, dans toute convention bi-latérale. Pour MM. Aubry et Rau « l'acte signé par la partie à la-« quelle on l'oppose présente incontestablement la « première des conditions exigées par l'art. 1347 C. « c. et quant au point de savoir, si un pareil acte « rend vraisemblable le fait allégué de la conclu-« sion d'une convention definitive, il reste aban-« donné à l'appréciation du Tribunal. Pour dénier « au juge le pouvoir d'appréciation. il faudrait qu'il « s'en trouvât privé par une disposition de la « loi. » (1).

En effet, on ne peut pas soutenir que l'absence du double constitue une présomption légale de la non-conclusion de la convention. L'art. 1325 C. c. ne règlerait plus alors un mode de preuve, mais prescrirait une condition essentielle à la validité des conventions synallagmatiques, et le texte même de l'art. 1325 C. c. s'oppose à cette interprétation, car cet article déclare non valable, seulement l'acte et non la convention. Tout ce que l'on peut dire, c'est que la possibilité qu'il n'y eût point convention définitive a empêché la loi de donner force complète à l'écrit non rédigé

____

1) Aubry et Rau, t. VIII, p. 232, note

en double ; mais on ne peut aller plus loin d'autant
plus que l'unité d'écrit peut être expliquée par d'autres circonstances qui révèleraient les faits de la
cause : le juge saura les apprécier.

Quant à la crainte de rompre l'égalité entre les
deux parties, nous croyons, qu'elle nous mènerait à
consacrer des solutions exceptionnelles qu'aucune
disposition législative ne justifierait. En effet, ne faudrait-il pas dire que dans les conventions synallagmatiques, une des parties, en l'absence du double,
ne pourrait se servir comme d'un commencement de
preuve par écrit, d'une lettre missive ou de tout
autre écrit qui, dans les causes ordinaires, ouvre la
porte à la preuve testimoniale ? Et ne faudrait-il pas
enseigner également que la partie munie de l'original unique ne pourra pas déférer le serment à son
adversaire ou le faire interroger sur faits et articles
parce que, en présence de l'écrit dont serait muni le
poursuivant, il y aurait impossibilité morale de nier
la convention ? Nous concluons que la loi n'apporte
pas exception au principe général formulé par l'art.
1347 C. c. (1). 4° Les billets contenant engagement
unilatéral de payer une somme d'argent ou de livrer
une certaine quantité de choses qui se déterminent
au compte, au poids ou à la mesure, lorsqu'ils ne
sont pas revêtus du *bon pour* ou *approuvé*. On avait

(1) Aubry et Rau, t. VIII, p. 231, texte et note 38. Cass. 28 novembre 1864. Sirey, 65, 1. 5.

soutenu que cette manière de voir rendrait illusoire la disposition de l'art. 1326 C. c. et encouragerait la mauvaise foi. Nous répondrons que l'absence du *bon pour* ou *approuvé* a pour unique effet de retirer la force probante qui est attachée à l'acte sous seing privé dont la signature est reconnue ; de telle sorte que le juge n'est ni obligé, ni autorisé à prononcer une condamnation sur le seul fondement d'un pareil billet ou d'une pareille promesse, et jouit d'un pouvoir discrétionnaire qui lui permet de l'admettre ou de le rejeter, lorsque le créancier s'en prévaut comme d'un commencement de preuve par écrit. Or, ce pouvoir discrétionnaire nous paraît être une garantie suffisante contre les dangers de surprise et de fraude que l'art. 1326 C. c. a pour objet de prévenir. Refuser à tel acte le caractère d'un commencement de preuve par écrit serait peut-être encourager la mauvaise foi du débiteur.

5° Peut encore constituer un commencement de preuve par écrit, l'acte qui constate l'existence d'une dette sans énoncer la qualité. Il appartient au juge, suivant les circonstances, de trouver dans l'acte un commencement de preuve par écrit pouvant être complété par des présomptions graves, précises et concordantes ou par la preuve testimoniale, pour établir la quotité non indiquée (1).

(1) Bordeaux, 31. Janvarie 1888. — Sirey, 88. 2. 162.

Généralement, peuvent servir de commencement de preuve par écrit tous les actes qui renferment des énonciations, plus ou moins, intimes avec le fait allégué.

Les auteurs et la jurisprudence, nous fournissent encore d'autres exemples d'écrits, d'où l'on peut induire la vraisemblance du fait allégué. Cependant, la vraisemblance variant à l'infini suivant les faits et suivant les esprits qui ont à les apprécier, il n'est pas possible de tracer des règles précises d'après lesquelles on puisse reconnaître les cas où un écrit doit rendre vraisemblable le fait allégué.

SECTION II

IMPOSSIBILITÉ DE SE PROCURER OU DE PRODUIRE UN ÉCRIT.

(Art. 1348 C. c.)

L'exclusion de la preuve testimoniale reposant sur l'obligation dans laquelle étaient les parties de se procurer un écrit, cette exclusion doit cesser lorsqu'il a été impossible de se procurer une preuve littérale, ou lorsque, sans aucun fait imputable à la partie intéressée, il ne lui est plus possible de faire valoir celle qu'elle s'était procurée.

L'article 1348 C. c. consacre cette disposition en

ces termes : « La preuve testimoniale est admissible
« toutes les fois qu'il n'a pas été possible au créan-
« cier de se procurer une preuve littérale de l'obli-
« gation qui a été contractée envers lui ».

La disposition de l'article 1348 C. c., en réalité,
ne constitue pas une exception à l'article 1341 C. c.;
elle contient plutôt une consécration du principe que
« l'exclusion de la preuve testimoniale est la consé-
« quence de l'obligation de rédiger un écrit ». —
Cette obligation ne peut pas être considérée comme
méconnue dans les cas d'impossibilité dont parle
l'article 1348 C. c.

Après avoir posé ce principe général, l'art. 1348
C. c. en fait l'application à quelques cas particuliers
qu'il indique sous forme d'exemples. Aussi les auteurs
ne regardent cette énumération que comme démons-
trative et non pas limitative de l'exception aux cas
spécifiés. Voilà les termes dans lesquels s'exprime
M. Colmet de Santerre à cet égard : « La règle est
« dans la première partie de l'article ; le reste n'est
« qu'une explication qui ne peut pas restreindre la
« disposition principale. Comme aussi dans les hypo-
« thèses particulièrement énumérées, il faut tou-
« jours faire dominer la règle et n'admettre l'excep-
« tion qu'autant qu'il y a eu réellement impossibilité
« de se procurer la preuve littérale. L'article a donc
« énuméré, les cas dans lesquels il y a ordinairement
« impossibilité de rédiger un écrit, sans qu'on puisse

« dire qu'il a compris toutes les hypothèses et que
« celles qui sont indiquées soient toujours dans les
« conditions de la règle (1) ».

Cette disposition s'applique, non seulement à l'impossibilité physique et absolue, mais encore à l'impossibilité morale ou relative. — Toullier s'exprime
en ces termes (2) : « L'impossibilité morale ou rela-
« tive où se trouvait le demandeur suffit, sans con-
« tredit, et il ne faut point que l'impossibilité soit
« absolue dans le cas particulier présenté pour ex-
« cuse ».

Conformément à cette doctrine, la Cour de Bordeaux
a décidé que la preuve testimoniale est admissible à
l'effet de prouver la remise d'un billet de banque à
une personne avec mandat d'en opérer le change
dans une localité voisine et d'en rapporter la mon-
naie le même jour, alors que les parties sont un
beau-frère et une belle-sœur, voisins, vivant dans
l'intimité et tous deux illettrés (3).

La Cour de Rennes, par arrêt du 26 février 1879,
a confirmé de nouveau cette doctrine, elle a jugé
que : « La disposition de l'article 1348 C. c. qui ad-
« met la preuve testimoniale, quelle que soit la valeur
« du litige, lorsqu'il n'a pas été possible au créancier
« de se procurer une preuve littérale de l'obliga-

______

(1) Demante et Colmet de Santerre, t. V. n° 321 *bis*, II.
(2) Toullier, t. IX, n° 139.
(3) Bordeaux, 2 mars 1871. Sirey, 71, 2. 221, pp. 71. 786.

« tion, s'applique, non seulement à l'impossibilité
« physique ou absolue, mais aussi à l'impossibilité
« morale ou relative ; et celle-ci doit s'entendre d'une
« grande difficulté locale et momentanée, d'un em-
« barras sérieux de se procurer un écrit (1) ». Nous
remarquons qu'il ne faut pas confondre l'impossibilité morale avec la crainte de heurter les convenances
ou de blesser la délicatesse de celui à qui l'on devrait
réclamer un écrit (2).

Enfin, nous ajoutons que la Cour de cassation, par
arrêt du 15 juin 1892, a décidé aussi que l'impossibilité de l'article 1348 C. c. est une question de fait ;
les juges du fait peuvent la résoudre souverainement
et d'une manière définitive, en déclarant que, d'après
les circonstances de la cause, la rédaction d'un écrit
a été possible, « attendu que le jugement attaqué
« déclare en fait qu'il n'a pas été possible aux défen-
« deurs éventuels de se procurer une preuve écrite
« de l'engagement contracté à leur profit, etc... (3) ».

L'article 1348 C. c. ajoute : « Cette seconde ac-
« ception s'applique : 1° Aux obligations qui nais-
« sent des quasi-contrats et des délits et quasi-délits ;
« 2° Aux dépôts nécessaires faits en cas d'incen-
« die, ruine, tumulte et naufrage, et à ceux faits par
« les voyageurs en logeant dans une hôtellerie, le

(1) Voyez Dalloz, 80, 2. 91.
(2) Laurent, t. XIX, n°ˢ 577 à 579.
(3) Cass., 15 juin 1892. Sirey, 93, 1. 282, note 1.

« tout suivant la qualité des personnes et les cir-
« constances du fait; 3° Aux obligations contrac-
« tées en cas d'accidents imprévus où l'on ne pourrait
« pas avoir fait des actes par écrit; 4° Au cas où
« le créancier a perdu le titre qui lui servait de preuve
« littérale, par suite d'un cas fortuit, imprévu et ré-
« sultant d'une force majeure ».

I. — *a*) La première application, faite par ce texte,
concerne les *quasi-contrats*. La preuve par témoins
peut être autorisée pour constater les faits dont
l'exécution pourrait, indépendamment d'un engagement préalable, donner naissance à un droit. Mais il
n'est pas possible d'admettre que tout quasi-contrat
puisse être établi par témoins, car dans un certain
nombre de cas, le créancier aura pu, et par conséquent aura dû, d'après l'article 1341 C. c., se procurer une preuve écrite; il ne pourra pas bénéficier
de la disposition de l'art. 1348 C. c. Ainsi, en matière de gestion d'affaires, c'est un principe constant,
consacré par la jurisprudence, que la gestion volontaire des affaires d'autrui n'est point soumise, quant
à la preuve de son existence, aux restrictions édictées par les articles 1341 et 1985 C. c. et qu'elle
peut, en conséquence, être établie, quelle que soit
l'importance du litige, soit par témoins (1), soit par
des inductions tirées des faits et circonstances de la

(1) Cass., 2 mars 1881. Sirey, 82, 1. 23.

cause, c'est-à-dire à l'aide de simples présomptions(1). C'est une doctrine enseignée par tous les auteurs que le quasi-contrat de gestion d'affaires pourra être prouvé par témoins, soit sur la demande du gérant, soit sur celle du maître, soit même sur celle d'un tiers qui aurait agi avec le gérant pris en cette qualité (2). Au contraire, lorsqu'il s'agit du paiement de l'indù, celui qui veut répéter la somme indûment payée, doit produire une preuve écrite du paiement, si la somme est supérieure à cent cinquante francs, puisque c'est un fait dont il est toujours possible de se ménager une preuve écrite. Toutefois, dans une hypothèse, la preuve testimoniale est admissible : une personne a payé par erreur la dette d'autrui. Le créancier a supprimé le titre, *instrumentum*, qui établissait sa créance. D'après l'art. 1377 C. c., celui qui a payé n'a de recours que contre le véritable débiteur. Or, pour établir l'existence de la créance, on est bien obligé de lui permettre la preuve testimoniale.

b) La deuxième application de la règle établie par l'art. 1348 C. c. concerne les créances qui résultent des *délits et quasi-délits*. Il faut remarquer que les délits et quasi-délits, en dehors de la classification des faits délictueux donnée par le Code pénal,

<hr>

(1) Cass., 18 février 1878. Sirey, 81, 1. 72.
(2) Aubry et Rau, t. VIII, p. 345. Demante et Colmet de Santerre, t. V, p. 597, n° 322 *ter*.

embrassent tous les faits causant à autrui un dommage, volontaire ou involontaire. Ces créances, la plupart du temps, sont prouvées par témoins, car il n'est guère probable que l'auteur d'un délit ou d'un quasi-délit consente, aussitôt le fait commis, à en donner une reconnaissance écrite. C'est ainsi notamment que l'administration des douanes, poursuivant directement et dans son intérêt des délits de contrebande, n'est pas nécessairement obligée de baser la poursuite sur un procès-verbal régulier, et peut suppléer au procès-verbal par tous les modes de preuve que le droit commun autorise (1).

Dans le cas où le procès-verbal constatant un délit en matière de douanes est entaché de nullité, l'administration peut établir cette contravention par témoins (2).

Mais si le délit ou le quasi-délit présuppose l'existence d'une convention, la preuve par témoins du délit ou du quasi-délit n'est recevable qu'autant que la convention est prouvée par écrit ou que la preuve par témoins en est admissible d'après l'art. 1341 C. c. Ainsi, dans le cas de violation d'un dépôt volontaire, on pourra prouver par témoins le fait de la violation du dépôt, mais non l'existence du contrat même de dépôt, lequel devra être établi, conformément aux règles ordinaires, puisque le créancier

(1) Cass., 29 janvier 1891. Sirey, 91, 1. 368.
(2) Cass., 11 juin 1894. Sirey 1895, 2. 127.

avait eu la possibilité de se procurer une preuve par écrit (1).

Cette règle s'applique, non seulement à l'action en dommages intérêts, mais aussi à l'action publique et sans distinguer si l'action en dommages intérêts est exercée devant les Tribunaux civils ou devant ceux de justice repressive. « Ni la partie lésée, ni le ministère public disent MM. Aubry et Rau, ne sont admis à prouver par témoins, un délit d'abus de confiance, lorsque la preuve littérale du contrat en violation duquel ce délit a été commis n'est pas rapportée et que la preuve testimoniale n'est pas admissible » (2).

L'art. 1348 C. c. n'étant pas limitatif, il suffit, pour que la preuve testimoniale soit admissible, que la partie qui l'invoque ait été dans l'impossibilité de se procurer une preuve écrite du fait dont elle demande à faire la preuve ; telle est la partie qui demande à prouver l'erreur, la violence, le dol, dont elle prétend qu'une convention est entachée. Ainsi, les faits de violence articulés contre un contrat, peuvent être établis par la preuve testimoniale ou par de simples présomptions (3).

La Cour de Toulouse a jugé qu'une personne qui devait être instituée légataire à titre universel, peut prou-

____

(1) Cass., 3 juin 1892. Sirey, 92, 1. 431.
(2) Aubry et Rau, t. VIII, p. 347.
(3) Dalloz. *Code civil annoté*, p. 130.

ver par témoins la violence ou les empêchements que l'héritier a employés, pour empêcher le *de cujus* de faire son testament. Dans ce cas, il pourra en résulter, non une action en revendication, mais une action en dommages-intérêts. (1).

La soustraction d'un testament est un fait dont il est impossible de se procurer une preuve écrite; il est évident, par conséquent, que la preuve testimoniale pourra être employée pour prouver cette soustraction.

De même, la révocation d'un testament peut être établie par témoins, en cas de fraude, mais il faut pour cela, ainsi que l'a jugé la Cour de Limoges par arrêt du 6 février 1889, que les héritiers puissent prouver que le testateur voulait révoquer ses dispositions testamentaires et qu'il en a été empêché par des manœuvres dolosives émanant du légataire ou de toute autre personne (2).

Dol. — Le dol consistant dans des manœuvres employées par l'un des contractants pour induire l'autre en erreur, peut être prouvé par témoins, si le fait juridique à l'occasion duquel les manœuvres dolosives se sont produites est reconnu constant. « La fraude et le dol, disait Joubert, expliquant au Tribunat l'article 1353 du C. c., ne se présument pas ; mais celui qui les allègue doit être admis à pouvoir les

(1) Toulouse, 16 mai 1865. Sirey, 1865, 2. 15.
(2) Sirey, 1889, 2. 173.

prouver par témoins : car si la fraude ne se présume pas, ceux qui la commettent ne manquent pas d'employer tous les moyens pour la cacher. La morale publique exige donc que la preuve testimoniale soit admise dans cette matière; et c'est là que le juge doit pouvoir faire usage de toute sa perspicacité pour pénétrer tous les replis de l'homme artificieux (1) ».

Au contraire, si la convention que l'on prétend avoir été provoquée par un dol, n'avait pas été constatée par écrit, et que cette convention soit contestée par l'adversaire, la partie qui se prétend victime du dol n'est pas admissible à prouver par témoins l'existence de la convention; par exemple, le débiteur qui allègue avoir remis à son créancier une somme pour que celui-ci se départit d'une surenchère, ne peut établir ce fait par des témoins, bien qu'il prétende que cette surenchère ne soit que fictive et avait pour unique objet de lui soutirer de l'argent, car il pouvait se procurer une preuve écrite du prétendu versement, en exigeant une quittance de son créancier. Il en serait autrement si les manœuvres de dol par lesquelles le contrat a été provoqué constituaient un véritable délit, par exemple une escroquerie. Il ne faut pas confondre le dol employé pour déterminer à contracter avec celui qui suit le contrat, ou

____

(1) Locré, *Lég.*, XII, p. 534, n° 33.

avec les promesses relatives à l'exécution et auxquelles la partie doit se reprocher d'avoir légèrement accordé sa confiance.

Dans le premier cas, la preuve testimoniale est admissible pour établir non seulement les manœuvres dolosives qui se rattachent à l'obligation et dont le créancier n'a pu se procurer une preuve littérale, mais aussi l'existence du contrat, si le dol est concomittant avec la formation même de ce contrat (1).

Mais, dans le dernier cas, l'article 1341 doit être rigoureusement appliqué, à moins qu'il n'y ait eu impossibilité de se procurer une preuve écrite.

Nous remarquons que le dol doit être distingué de la simulation, car, dans le premier cas, le consentement de la partie a été imposé, tandis qu'en matière de simulation il a été donné sciemment. Au cas de dol, la partie trompée par son adversaire n'a pu se procurer la preuve des manœuvres dont elle a été victime, mais il en est autrement en cas de simulation.

Quand les actes simulés sont attaqués par les tiers au préjudice desquels ils sont intervenus, il est certain qu'il leur est permis d'employer la preuve testimoniale, car ils se sont trouvés dans l'impossibilité de se procurer une preuve littérale (2).

____

(1) Cass., 25 mars 1884. Dalloz, 85, 1. 205.

(2) Voyez Fuzier-Hermann, *C. civ. annoté*, p. 465, n° 223, et Cass., 22 mars 1876. Sirey, 75, 1. 111.

Ainsi, il a été décidé que l'héritier réservataire est recevable, par application de l'article 1348, à établir, par toutes les modes des preuves, le montant de la réserve légale à laquelle les actes simulés porteraient atteinte (1). De même, les créanciers peuvent prouver par témoins les actes de leur débiteur faits en fraude de leur droit (2).

Si l'acte simulé ou frauduleux est attaqué par l'une des parties contractantes, il faut décider que, en principe, elle ne peut pas établir par témoins la fausseté des énonciations de l'acte, car il lui était possible de se procurer une *contre-lettre* pour se prémunir contre les conséquences de la simulation. Toutefois, si certaines simulations concertées entre les parties étaient de telle nature que le consentement donné à ces simulations fût incompatible avec la rédaction d'une contre-lettre, la partie contractante qui y aurait intérêt, devrait être admise à établir la fraude par la preuve testimoniale. C'est ce qui a lieu, dans le cas où la simulation a pour but de faire fraude à la loi.

« On s'appuie ordinairement, pour justifier cette opinion, disent MM. Aubry et Rau, sur un argument *à fortiori* ou plutôt du moins *à pari* tiré de l'article 1353 qui, par cela même qu'il permet d'établir le dol ou la fraude au moyen de simples présomptions,

(1) Cass., 27 mars 1887. Sirey, 89, 1. 426.
(2) Cass., 27 mars 1888. Sirey, 88, 1. 366.

en autorise virtuellement, dit-on, la preuve testimoniale ». Les partisans du système contraire répondent que l'article 1353 est étranger à la matière et
que la solution de la question doit être cherchée
dans les articles 1341 et 1348 ; que l'article 1348 qui
a trait à la question est inapplicable, parce que la
partie qui demande à prouver par témoins la simulation à laquelle elle s'est prêtée, pouvait ne pas y
consentir ou du moins s'en procurer une preuve littérale, au moyen d'une *contre-lettre*. Ensuite, on
ajoute que si le législateur, en fait de fraude et dol,
a cru devoir admettre de simples présomptions à
l'exclusion de la preuve par témoins, c'est qu'il considère les simples présomptions moins dangereuses
que la preuve testimoniale dont les résultats s'imposent au juge.

Nous devons avouer, avec MM. Aubry et Rau,
« qu'il est difficile de se rendre compte de la disposition finale de l'article 1353 qui semble exclure la
preuve testimoniale, alors même qu'il s'agit d'établir
soit le dol par lequel l'une des parties a surpris le
consentement de l'autre, soit la fraude à l'aide de
laquelle les deux parties ont, de concert, porté atteinte aux droits de tierces personnes » (1), et pourtant, il est incontestable que, par application de
l'article 1348, la preuve testimoniale est admise en

(1) Aubry et Rau, t. VIII, p. 353.

pareil cas. Il faut donc, pour concilier ces deux dispositions, supposer, dans l'article 1353, un vice de
rédaction et reconnaître que si de simples présomptions sont admissibles pour prouver le dol et la fraude,
c'est en conformité des règles qui régissent l'admissibilité de la preuve testimoniale en cette matière.

Si nous admettons que le dol et la fraude peuvent
être prouvés tout aussi bien par témoins que par
simples présomptions, l'article 1353 doit s'appliquer
aux fraudes envers la loi comme à la fraude envers les
personnes, et ce premier point est admis par la jurisprudence. Mais du moment que la fraude envers la loi
peut être prouvée par de simples présomptions,
pourquoi ne pourrait-elle pas l'être par témoins ? La
preuve testimoniale n'est pas plus dangereuse que
les présomptions, car le juge n'est pas lié par le jugement qui a ordonné l'enquête ; l'expérience, au
contraire, montre qu'il est à craindre que le juge se
laisse entraîner par des présomptions habilement
présentées. Enfin, en rejetant la preuve testimoniale
des fraudes envers la loi, on consacrerait l'impunité,
car il est très difficile de les prouver autrement que par
témoins. Aussi, la jurisprudence admet la preuve
testimoniale dans toutes les hypothèses qui constituent
une fraude envers la loi. Ainsi, la Cour de cassation
a décidé qu'un débiteur peut établir, par témoins ou
par de simples présomptions, que la cause exprimée
d'une obligation est fausse lorsque la simulation de

la cause a eu pour but de cacher une fraude à la loi. Et, dans ce cas, le débiteur peut prouver que la cause réelle est illicite sans qu'on puisse lui objecter que nul ne peut se prévaloir de sa propre turpitude (1).

II. L'article 1348 s'applique encore dans les hypothèses des *dépôts nécessaires* effectués en cas d'incendie, ruine et naufrage, et à ceux faits par les voyageurs logeant dans une hôtellerie. On admet que le déposant, par l'effet d'une impossibilité morale, n'a pu se procurer une preuve écrite du dépôt. Lorsqu'il s'agit d'incendie, tumulte, naufrage, l'impossibilité est trop évidente pour qu'il soit besoin d'insister longuement. En ce qui concerne le dépôt dans une hôtellerie, l'impossibilité de choisir son dépositaire et de se procurer une preuve littérale existe aussi, dans des proportions peut-être moindres, mais encore suffisantes ; car il n'est pas toujours facile de connaître l'hôtellerie où l'on s'arrête dans le cours d'un voyage. L'art. 4, titre XX de l'ordonnance de 1667 semblait exiger que le dépôt ait été effectué entre les mains de l'*hôte* ou de l'*hôtesse* ; mais le Code, en supprimant ces mots, a levé toute espèce de doute et il suffit que les effets des voyageurs aient été déposés dans l'hôtellerie ; peu importe à qui ils ont été remis. La responsabilité de l'hôtellerie a pour objet non seulement les effets proprement dits qui

(1) Sirey, 87, 1. 361.

suivent la personne, mais encore les animaux placés dans les écuries de l'hôtelier ou du logeur (1). On doit remarquer le pouvoir souverain d'appréciation dont le juge est investi en cette matière. L'art. 1348 ajoute : « le tout suivant la qualité des personnes et les circonstances du fait ». En effet, il faut éviter que des gens peu scrupuleux puissent facilement exploiter les circonstances dans lesquelles la loi admet la preuve par témoins, pour établir, à l'aide de complices, des allégations mensongères (2). La jurisprudence a assimilé à une hôtellerie les maisons publiques (3) et les établissements de bains (4).

III. L'art. 1348, C. c., § 3, s'applique encore aux obligations contractées, en cas d'accidents imprévus, où l'on ne pourrait pas avoir fait d'actes par écrit. Dans ce paragraphe, la loi étend à toutes sortes de contrats la disposition que le précédent n'édictait que pour le dépôt nécessaire. Il en serait ainsi, par exemple, en cas de guerre civile, lorsqu'un citoyen, pour se soustraire aux poursuites de ses adversaires, emprunte une somme d'argent supérieure à 150 francs. Dans cette hypothèse, la preuve testimoniale est admise, pourvu qu'on établisse le cas imprévu qui a rendu impossible la rédaction d'un écrit.

(1) Bourges, 17 décembre 1877. Dalloz, 78, 2. 39.
(2) Aix, 20 juin 1867. Dalloz, 67, 5. 332.
(3) Rouen, *Trib.*, 21 mars 1883. Dalloz, 84, 3. 8.
(4) Bordeaux, 20 mai 1892. Sirey, 92, 2. 51.

IV. D'après le § 4 de l'article 1348, les règles prohibitives de l'art. 1348 reçoivent exception lorsque le créancier a perdu le titre qui lui servait de preuve littérale, par l'effet d'un cas fortuit, imprévu et résultant d'une force majeure. L'article semble considérer la disposition de ce dernier paragraphe comme une application de la règle générale qu'il établit et lui donner la même portée qu'aux paragraphes précédents ; mais il est facile de voir que la situation est différente. Ici, le créancier n'est pas en faute, il a obtempéré aux injonctions de la loi et il s'est ménagé une preuve littérale ; mais un accident postérieur, dont la loi précise les caractères, a détruit son titre. Le créancier, étant irresponsable de la perte du titre, le législateur a dû lui permettre d'établir par témoins sa créance. D'ailleurs, l'admissibilité de la preuve par témoins est subordonnée à l'administration préalable d'une triple preuve. Le créancier devra prouver : 1° Qu'il existait un acte établissant ou paraissant établir une obligation déterminée ; 2° Que cet acte a péri par un cas fortuit ou de force majeure imprévue ; 3° Que l'obligation à laquelle l'acte dont s'agit se référait, existait réellement.

Lorsque le créancier a prouvé les trois points que nous venons d'énumérer, il lui est permis d'établir, par témoins, la convention ; mais, des difficultés peuvent surgir sur lesquelles les juges soient appelés à statuer : ainsi, supposons un acte sous seing privé, un pareil acte ne fait pleine foi que lorsqu'il est reconnu ou vérifié. Le débiteur niant l'existence de l'acte, il nie implicitement l'écriture et la signature qu'on lui attribue. Une vérification matérielle n'étant pas possible, il faut se rapporter aux témoins pour établir les qualités légales de l'acte. La difficulté est encore plus grande, quand l'acte devait revêtir certaines formalités, comme celles d'un double écrit et la mention de cette dualité, ou le *bon* ou *approuvé*. Les mêmes difficultés existent pour les actes authentiques, car la disposition finale de l'article 1348 s'applique non seulement aux actes sous seing privé, mais aussi aux actes authentiques, que l'authenticité soit donnée *ad probationem*, soit qu'elle soit requise pour la validité de l'acte, testament, donation, contrat de mariage, etc...

SECTION III

PRINCIPE DE L'ADMISSIBILITÉ DE LA PREUVE TESTIMONIALE DANS LES AFFAIRES COMMERCIALES.

Les restrictions apportées en matière civile à l'admission de la preuve testimoniale ne sont pas applicables aux affaires commerciales.

L'article 1341 formule, expressément, cette réserve dans son alinéa final :

« Le tout sans préjudice de ce qui est prescrit dans les lois, relatives au commerce. »

Par suite : 1° la preuve testimoniale est admissible même pour prouver des faits juridiques d'une valeur supérieure à 150 francs ; 2° la preuve testimoniale peut être admise contre et outre le contenu aux actes.

La généralité des termes de l'alinéa final de l'article 1341 et la place même de cet alinéa, nous autorisent à adopter cette règle.

On a contesté la seconde exception aux règles du droit civil, mais aujourd'hui cette opinion est abandonnée avec raison. D'ailleurs, dans l'ancien droit, déjà, la preuve par témoins était, en matière commerciale, admise contre et outre le contenu aux actes. Le Code civil paraît bien confirmer l'ancienne doctrine. C'est après avoir posé les deux grandes règles concernant la preuve par témoins, que l'art. 1341, C. civ., ajoute : *Le tout sans préjudice de ce qui est prescrit dans les lois relatives au commerce.* On peut ajouter que l'application faite par l'art. 41, C. com., aux sociétés de commerce de la règle qui prohibe la preuve par témoins contre et outre le contenu aux actes, serait bien inutile, si le principe général était, même en matière commerciale. l'exclusion de cette preuve. La rapidité avec laquelle se concluent les opérations de commerce, empêche souvent de constater par écrit les additions ou les dérogations que les parties font à un contrat constaté par écrit (1).

D'autre part, l'art. 109 du Code de commerce décide que : Les achats et ventes se constatent par la preuve testimoniale, dans le cas où le tribunal croira devoir l'admettre.

En vertu de ces art. 1341 in fine C. civ. et 109, C. com., les juges consulaires ont donc un plein pouvoir d'appréciation à l'effet d'admettre ou de rejeter la preuve testimoniale au-dessus de 150 francs, et cette disposition, annoncée déjà par l'article 1341 du Code civil est d'ailleurs conforme aux principes qui régissent la preuve en matière commerciale, à la portée la plus générale.

1° Elle est indépendante du caractère de la juridiction compétente et s'applique aussi bien aux affaires commerciales portées devant les tribunaux de première instance qu'à celles qui seraient pendantes devant les tribunaux de commerce ;

2° Elle n'a pas trait seulement aux achats et ventes, mais à toutes les opérations commerciales (2).

Les art. 109 et 40 du Code de commerce, relatifs l'un aux achats et ventes, l'autre aux associations en

______

(1) Lyon, Caen et Renault. *Traité de droit commercial.* T. III, p. 67.

(2) Garsonnet, *Cours de procédure.* T. II, p. 493 et 494.

participation, étant les seuls qui autorisent expressément la preuve testimoniale, on pourrait en effet être porté à en conclure, par argument *a conirario*, que cette preuve n'est point admise dans d'autres matières. Mais cet argument serait fautif. Comme les achats et ventes forment, pour ainsi dire, le type de toutes les négociations commerciales, on doit d'après l'esprit de la loi, appliquer aux actes de commerce, en général, la disposition de l'art. 109. Et si, dans l'art. 40, le législateur a cru devoir reproduire la même disposition, à propos des associations commerciales en participation, il ne l'a point fait à titre d'exception, et dans la supposition de l'existence d'une règle générale contraire, mais uniquement pour empêcher que, par une fausse application des art. 39 et 41, on n'étendit à la preuve des associations commerciales en participation, des dispositions exceptionnelles qui ne devraient concerner que les sociétés commerciales proprement dites. Au surplus, la doctrine et la jurisprudence sont d'accord pour proclamer cette règle comme constante : la preuve testimoniale est recevable en matière de commerce lors même que l'objet du fait juridique à prouver est d'une valeur supérieure à 150 francs (1).

Il n'est donc pas douteux que l'art. 109 vise tous les contrats commerciaux, et par conséquent que les

____

(1) Aubry et Rau. § 763 bis, note 1, p. 324.

juges de commerce ont la faculté d'admettre la preuve testimoniale au-dessus de 150 francs toutes les fois qu'ils le jugeront nécessaire pour éclairer leur conscience.

Mais il est à remarquer que l'art. 109 ne fait aucune distinction et alors la question s'est posée de savoir, si le pouvoir discrétionnaire des juges de commerce pouvait aller jusqu'à leur permettre de refuser la preuve testimoniale au-dessous de 150 francs.

Sur ce point deux opinions ont été émises.

Il ne faut pas, dit M. Boistel, retourner l'article contre la facilité de la preuve, quoique son texte pût s'y prêter dans un certain cas. On pourrait entendre que même au-dessous de 150 francs, l'admission de la preuve testimoniale serait facultative pour le juge de commerce, tandis qu'elle est un droit pour les parties en matière civile. Mais ce n'est pas là le sens de l'art. 109 *in fine* qui est conçu uniquement dans une pensée d'extension.

M. Garsonnet, au contraire, estime que l'article 109 ne distingue pas et que, par suite, le tribunal peut refuser l'enquête, lors même qu'il s'agirait d'une somme inférieure à 150 francs. Et cette opinion est soutenue par MM. Lyon-Caen et Renault (2) qui se basent : 1° sur le texte de l'article 109 qui, par ses derniers mots, laisse toute liberté aux juges ; 2° sur

(1) Boistel. N° 446, p. 305.
(2) *Traité de droit commercial*, t. III, p. 69.

l'esprit général de la loi qui est de n'imposer aux juges aucune règle impérieuse, quant à la preuve des opérations de commerce ; 3° enfin sur les travaux préparatoires.

Cette doctrine est, en effet, confirmée par les explications données au sujet de l'art. 109, C. com. Regnault de Saint-Jean-d'Angély, dans son exposé des motifs, s'exprime ainsi : « Le titre VII remet à l'autorité discrétionnaire du tribunal la faculté de chercher la vérité... même, dans tous les cas et quelle que soit la somme, dans l'admission de la preuve testimoniale ». Le tribun Jard Parvilliers exprimait une idée semblable dans son discours au Corps législatif, en disant : « Il laisse, même aux tribunaux, la faculté d'admettre la preuve testimoniale... C'est une latitude que l'intérêt même du commerce exige qu'on laisse à la discrétion des juges (1) ».

Cette latitude donnée aux juges, leur permet donc d'admettre ou non, suivant les besoins de la cause, la preuve testimoniale soit dans les affaires dont le montant dépasse 150 francs, soit dans les affaires dont le montant n'atteint pas ce chiffre.

Elle leur permet aussi de repousser la preuve par témoins au-dessus de 150 francs alors même que les faits allégués seraient pertinents et admissibles.

____

(1) Lyon, Caen et Renault. *Traité de droit commercial*, p. 68.

« Quand il s'agit d'une somme ou d'une valeur excédant 150 francs, les juges jouissent d'une liberté qui, selon la doctrine générale, ne leur appartient pas dans les procès civils. En matière civile, le juge ne peut pas repousser la preuve par témoins, lorsqu'elle est proposée pour les faits pertinents et admissibles. En matière commerciale, au-dessus de 150 francs, le juge peut toujours refuser d'admettre la preuve testimoniale, les faits allégués fussent-ils pertinents et admissibles. Cela résulte notamment de l'art. 109 qui mentionne parmi les moyens de preuve la preuve par témoins, *dans le cas où le tribunal croira devoir l'admettre*. On peut aussi en rapprocher l'art. 49, C. com., qui applique aux associations en participation les règles générales sur la preuve des actes de commerce (1) ».

Une difficulté a été soulevée sur le point de savoir si la preuve testimoniale peut être admise au-dessus de 150 francs, quand l'acte n'est commercial que pour une des parties.

Dans ce cas, il faudrait admettre la preuve par témoins, dit M. Garsonnet, contre le commerçant qui est soumis aux règles spéciales du droit commercial, mais non, contre le non commerçant qui ne doit pas souffrir de ce que l'acte est commercial pour son co-contractant (2).

(1) Lyon, Caen et Renault. III, p. 68.
(2) V. Garsonnet. *Cours de procédure*, t. II, p. 494.

C'est, en effet, dans l'intérêt du défendeur que la loi limite les modes de preuve. Remarquons, d'ailleurs que, pour les livres de commerce, la loi nous dit qu'ils ne peuvent pas faire preuve contre le non commerçant, mais bien contre le commerçant (articles 1329 et 1330 C. civ.) (1).

« Il y a des contrats commerciaux, dit M. Bonnier, pour lesquels la loi a cru devoir non seulement supprimer la latitude ordinairement accordée à la juridiction consulaire, mais encore exclure la preuve testimoniale pour le taux même où elle est admise de droit commun. C'est ainsi que certains contrats maritimes, notamment le contrat d'assurance (C. comm., art. 332), doivent être *rédigés par écrit*. Ces expressions étant les mêmes qui ont été employées pour la transaction, il est difficile de croire qu'on ait voulu y attacher un autre sens. Nous ne pouvons donc partager l'opinion des auteurs qui considèrent ces contrats comme solennels, et nous admettrions à leur égard l'aveu et le serment, ainsi qu'on le décide en ce qui touche la transaction et le bail non exécuté (2).

Par exception, les constitutions de société, acceptations de lettres de change, ventes de navires, chartes parties, connaissements, prêts à la grosse et contrats d'assurance ou d'hypothèque maritime doivent

(1) Boistel, *Cours de droit commercial*, p. 299 et 300.
(2) Bonnier. N° 183, p. 159 et 160.

être rédigés par écrit. Ce ne sont assurément pas des actes solennels que l'absence d'écriture doive faire réputer inexistants, dit M. Garsonnet, mais faute d'en représenter une preuve écrite, les parties ne pourront les établir que par l'aveu ou le serment. Et encore est-ce très contesté, ajoute le savant maître (1).

Nous convenons que pour déterminer la véritable portée de l'admissibilité de la preuve testimoniale dans les affaires de commerce, il faudrait étudier le rôle de cette preuve, à l'occasion de chacun des contrats que nous venons de signaler; mais les affaires commerciales restent en dehors de notre travail.

Nous avons voulu démontrer simplement que le législateur admet en matière de commerce la preuve testimoniale sans aucune limite de chiffre, même contre et outre le contenu aux actes, en un mot qu'il consacre la liberté des preuves; il y apporte, il est vrai, des restrictions, mais il n'est pas moins vrai que le principe existe.

(1) Garsonnet. *Cours de procédure*, t. II, p. 495.

CHAPITRE III

Aux termes de l'article 1341, § 2, « il n'est reçu
« aucune preuve par témoins contre et outre le con-
« tenu aux actes, ni sur ce qui serait allégué avoir
« été dit avant, lors ou depuis les actes, encore qu'il
« s'agisse d'une somme ou valeur moindre de 150
« francs. »

Cette deuxième règle s'explique par ce fait que
les parties, en rédigeant un écrit pour constater leur
convention même si elle ne dépasse pas cent cinquante francs, ont dû la constater tout entière, ou
bien elles ont pu faire un second écrit : une contre-
lettre.

M. Garsonnet nous indique exactement les motifs
de cette règle : « Il y en a trois motifs, dont l'un est
particulier aux actes authentiques et aux actes sous
seing privé. C'est, d'une part, que les actes authentiques solennellement reçus, par des personnes inves-
ties d'un caractère public, méritent plus de con-

fiance que le témoignage de simples particuliers ; c'est d'autre part, que les actes écrits perdraient beaucoup de leur utilité si l'on pouvait, à l'aide de la preuve testimoniale, en changer le sens ou en contester la sincérité ; c'est enfin, qu'on peut à bon droit considérer les propos échangés, lors de la passation d'un acte, comme de simples pourparlers auxquels il n'a pas été donné suite » (1).

Prenons, comme exemple, un prêt de cent francs : S'il n'y avait pas d'écrit pour le constater, le prêteur pourrait prouver par témoins et le fait du prêt et la stipulation d'intérêts. Mais si l'emprunteur a souscrit un billet ne contenant pas de stipulation d'intérêts, le prêteur ne pourrait demander à prouver par témoins l'existence de cette obligation, car ce serait prouver outre le contenu à l'acte.

En sens inverse, l'écrit constate une stipulation d'intérêts. Mais l'emprunteur allègue qu'il a été convenu que, dans telles circonstances qui se sont réalisées, le prêteur n'exigerait pas les intérêts ; il ne pourra prouver la convention par témoins ; ce serait prouver contre le contenu de l'acte.

Dans le même ordre d'idées, on peut supposer qu'une caution est intervenue, pour garantir le paiement d'une dette.

Si il y a un écrit et que cet écrit constate que la

______

(1) Garsonnet. *Cours de procédure*, II, CCCXXVIII, p. 496.

caution s'est obligée comme caution simple, le créancier ne pourra pas prouver, que la caution était une caution solidaire, car ce serait prouver outre le contenu de l'acte ; s'il n'y avait pas d'écrit au contraire, le créancier aurait pu prouver par témoins le prêt de cent francs, le cautionnement et la solidarité. A l'inverse la caution, qui est désignée comme solidaire sur un écrit, ne pourrait prétendre que le créancier lui a promis de ne pas se prévaloir de la solidarité, car ce serait prouver contre le contenu aux actes.

Ainsi l'article 1341 § 2 défend de prouver toute allégation qui pourrait constituer une interprétation modificative des stipulations écrites.

M. Garsonnet délimite, avec précision, la portée de cette règle :

« S'il est défendu de prouver par témoins que les parties n'ont pas fait d'écrit, ou que l'acte passé entre elles ne rapporte pas fidèlement leurs conventions, rien n'empêche de prouver ainsi des événements postérieurs, tels que des conventions nouvelles l'extinction des droits qui résultent de l'acte, les erreurs matérielles qui s'y trouvent, les faits de nature à expliquer ses clauses obscures ou ambiguës, le moment précis où il a été passé, la nullité de sa cause, le dol, la fraude ou la simulation qui l'infectent (1).

---

(1) Garsonnet. *Cours de procédure*, II, CCCXXIII, p. 496 et 497.

Nous allons passer en revue ces différentes restrictions à l'application de cet alinéa 2 de l'art. 1341 C. civ.

§ I.

a). — *Conventions nouvelles.* — L'article 1341, § 2, ajoute qu'il ne peut être reçu aucune preuve par témoins « sur ce qui serait allégué avoir été dit, et « avant, lors, ou depuis les actes », encore qu'il s'agisse d'une somme ou valeur, moindre de 150 francs.

« Avant, ou lors les actes ». C'est une redondance employée par la loi de manière à bien prouver qu'il ne peut y avoir de preuve, outre le contenu aux actes.

« Depuis les actes ». Une modification ne peut être prouvée par témoins lorsqu'on a dressé un écrit pour constater la convention ?

Pour MM. Aubry et Rau, le principe posé dans la seconde partie du premier alinéa de l'art. 1341, conduirait à une double conséquence.

Il en résulte, en premier lieu, que la preuve testimoniale ne peut être reçue, lorsqu'elle porte sur un fait qui se trouve en contradiction avec les énonciations d'un acte authentique ou sous seing privé, à supposer d'ailleurs que ces énonciations soient du genre de celles dont l'acte fait par lui-même pleine foi.

Il en résulte en second lieu, que la preuve testimoniale doit être rejetée, en tant qu'elle aurait pour objet de prétendues modifications verbales à une convention constatée par un acte authentique ou sous seing privé ; et cela lors même qu'il serait allégué que les modifications sont antérieures à cet acte et n'ont eu lieu que longtemps après sa passation (1).

La pensée de la loi, c'est que lorsque les parties ont eu la précaution de rédiger un écrit, même pour une convention moindre de cent cinquante francs ; n'est pas uniquement pour se ménager une preuve mais aussi pour donner à cette convention une expression précise et complète. Le but que les parties se sont proposé ne serait pas atteint si, d'une part, il était permis d'en contester la sincérité à l'aide de simples témoignages ; si, d'autre part il était loisible de chercher à établir par témoins, des modifications verbales qu'on prétendrait avoir été apportées, après coup.

« Il faut considérer, disent MM. Aubry et Rau, comme des modifications, non susceptibles, d'être prouvées par témoins, tous changements, addition ou suppression, dont le résultat serait d'augmenter ou de diminuer, d'étendre ou de restreindre les droits et obligations des parties, tels qu'ils sont établis par

____

(1) Aubry et Rau. § 763, VIII, p. 320.

l'acte instrumentaire, rédigé pour la constatation du fait juridique dont ils découlent (1). »

Ainsi, d'après MM. Aubry et Rau, lorsqu'un écrit a été rédigé, si les parties sont réellement d'accord pour y apporter une modification, elles doivent la constater par écrit. Cela s'explique pour les clauses antérieures ou contemporaines à la convention constatée par écrit. Mais non, pour les modifications résultant d'une convention nouvelle et distincte de la première, par exemple, une convention postérieure qui chargerait le terme ou soumettrait le droit à une condition, lorsque cette nouvelle convention est de nature à être établie, par témoins.

Par application de la règle qu'on ne peut pas prouver par témoins outre et contre le contenu aux actes, la partie qui demande à faire la preuve par témoins en dehors de l'acte, doit s'imputer de n'avoir pas fait insérer, dans l'acte, toute la convention, ou de n'avoir pas fait dresser une contre-lettre. Or, cela ne peut s'entendre que de ce qui a pu être dit lors de la confection de l'acte, que des conventions tacites que les parties, s'en rapportant à leur bonne foi, ont négligé d'insérer dans leur écrit et non de modifications postérieures qui sont le résultat d'une convention distincte de la première.

Dans ce dernier cas, on rentre dans le droit com-

(1) Aubry et Rau. T. VIII, p. 321.

mun, et, si la valeur de cette nouvelle convention ne dépasse pas cent cinquante francs, la preuve par témoins peut être admise.

b).—*Paiement, remise de dette, remise de solidarité.* — Cette prohibition de l'article 1341 ne doit pas s'entendre de « faits qui, bien que se trouvant dans un rapport plus ou moins direct avec les faits consignés dans un acte instrumentaire, et sur lesquels ils sont même destinés à exercer une influence quelconque, ne sont cependant point en contradiction avec les énonciations de cet acte et ne constituent pas non plus des changements à sa teneur (1). »

C'est ainsi qu'un débiteur, qui aurait négligé de se faire restituer un billet constatant sa dette, serait admis à faire la preuve par témoins du payement qu'il aurait fait, de la remise de dette qui lui en aurait consentie.

Le débiteur, dans ces divers cas, ne nie pas son écrit, il ne contredit pas les énonciations de cet acte, il invoque seulement un fait postérieur qui a détruit son obligation. « Autre chose est la modification, la restriction ou la transformation conditionnelle d'une obligation, autre chose son extinction par suite de paiement ou de remise. Tout en modifiant la position respective des parties, dont l'une cesse d'être

____

(1) Aubry et Rau. *Loc. cit.*

créancière et dont l'autre cesse d'être débitrice, le paiement ou la remise n'apporte cependant aucune modification au titre constitutif de l'obligation. Le principe de l'article 1341 § 2 ne s'oppose pas, dès lors, à l'admission de la preuve par témoins » (1).

De même, une caution qui se serait engagée solidairement à l'acte, pourrait prouver par témoins que, par une convention postérieure, le créancier a renoncé à la solidarité en ce qui le concerne.

Mais, ce que nous venons de dire au sujet de la libération ou de la remise de solidarité ne s'applique, bien entendu, qu'à des dettes d'une valeur moindre de cent cinquante francs. Au dessus de cette somme, le droit commun redeviendrait applicable, mais la preuve par témoins serait admissible pour prouver des payements en à-compte ou des payements d'intérêts ou des remises partielles de dettes ne dépassant pas cent cinquante francs. Il n'y aurait d'exception à cette dernière règle que si le débiteur voulait prouver par témoins, plusieurs acomptes dont le total dépasserait cent cinquante francs : nous le déciderons ainsi par suite d'un argument d'analogie tiré de l'art. 1345.

La disposition de l'article 1341, § 2, n'empêche donc pas de prouver, par témoins, un fait postérieur

____

(1) Aubry et Rau. VIII, p. 321, note 6.

d'où résulterait l'extinction des obligations, elle n'empêche pas, non plus, de prouver les faits de nature à fixer l'interprétation des clauses obscures ou ambiguës d'un acte.

c). — *Preuve des faits de nature à expliquer les clauses obscures ou ambiguës.* — Lorsqu'il s'agit d'éclairer le sens d'un acte, obscur ou ambigu, ce n'est pas prouver contre ni outre cet acte ; car, comme le dit Bonnier, autre chose est l'extension, autre chose est l'interprétation de ce qui s'est passé entre les parties.

Ainsi, la Cour de cassation a décidé que malgré les prohibitions contenues dans les articles 1341 et suivants C. c., les juges peuvent recourir à la preuve testimoniale pour interpréter les clauses obscures ou ambiguës d'un acte (1).

A cet égard, les juges du fond ont un pouvoir souverain pour interpréter les conventions pourvu qu'ils ne les dénaturent pas (2).

Spécialement, la preuve par témoins est admissible à l'effet d'interpréter les clauses d'un bail relatives à la désignation des lieux loués, lorsque la désignation faite dans le bail est obscure ou incomplète (3).

(1) Cass., 1er août 1876. Sirey, 1877. 1. 69.
(2) Cass., 30 mai 1888. Sirey, 1848. 1848. 1. 320.
(3) La jurisprudence paraît aujourd'hui fixée sur le principe. Voir

C'est ce qu'à jugé la Cour de Paris par arrêt du
du 4 mars 1887 :

« La Cour, considérant que le principe édicté par
l'article 1341 du Code civil, qu'il n'est reçu aucune
preuve, par témoins, contre et outre le contenu aux
actes, ne met pas obstacle à ce qu'on recoure à des
témoins pour l'interprétation de ces actes, lorsqu'ils
présentent une certaine obscurité ; quand, la preuve
admise en la cause s'appplique à un point qui n'a pas
été suffisamment précisé, dans le contrat et à une
désignation qui n'a pas été complète ; qu'en autori-
sant cette preuve, les premiers juges ne sont pas
sortis de la teneur du bail ;

« Par ces motifs, et adoptant au surplus ceux des
premiers juges ;

« Confirme, etc. (1) ».

d) — *Preuve de la date des écrits non datés.*
— Preuve du moment précis où il a été passé : Une
difficulté s'est élevée, à l'occasion de la preuve de la
date des écrits non datés.

Peut-on prouver la date par témoins ?

L'intérêt pratique est que la preuve de la date est
intéressante à connaître pour prouver la capacité du
débiteur à l'époque où il a souscrit le billet (pour

note sous Cass., 26 février 1872. Sirey, 1872. 1-328 et les renvois.
Cass., 14 mars 1876. Sirey, 1876. 1-276.
(1) Paris, 4 mars 1887, Sirey 1890. 2. 60.

cela, il faut admettre que c'est au créancier à prouver la capacité du débiteur, et non au débiteur à prouver son incapacité).

Pour M. Bufnoir, il vaut mieux admettre la preuve par témoins. Ce n'est pas là prouver outre le contenu à l'acte, car ce n'est pas prouver la convention, c'est simplement, prouver une circonstance extérieure de la convention.

Cette observation ne s'applique, bien entendu, qu'entre les parties, car, à l'égard des tiers, la preuve de la date est soumise aux prescriptions de l'article 1328.

La règle que la preuve testimoniale peut être admise, même contre et outre le contenu aux actes, pour prouver le moment précis où il a été passé, présente un intérêt particulier en procédure, car elle permet d'établir par témoins la date respective de deux significations ; c'est ainsi qu'on détermine laquelle des deux parties a été la plus diligente et si l'acte fait en vue de couvrir la péremption d'instance a été signifié avant qu'elle fut opposée. On remarquera seulement, que la date des actes sous seing privé ne peut être prouvée par témoins contre les tiers, puisqu'elle ne peut devenir certaine, aux termes de l'article 1328 du Code civil, que par l'enregistrement ou les autres faits énoncés dans cet article (1).

(1) Garsonnet. *Cours de procédure*. II. CCCXXVIII, p. 496, note 13.

c). — Fraude, dol, simulation. — La règle qu'il ne peut être reçu aucune preuve par témoins ou par présomption contre et outre le contenu aux actes reçoit encore exception dans les cas de dol ou de fraude.

Aucune difficulté, pour les tiers qui sont restés étrangers, au dol ou à la fraude.

Ainsi l'héritier du créancier, qui conteste la libération du débiteur, malgré la quittance qui lui est opposée par ce dernier, est recevable à prouver par présomptions graves, précises et concordantes, que ladite quittance est fictive et simulée, et qu'elle n'a pu parvenir aux mains du débiteur que par l'effet de la fraude et du dol (1).

De même, un héritier peut établir, par de simples présomptions, qu'une obligation souscrite, par un tiers au profit de son cohéritier est entachée de fraude, en ce que ce dernier s'est prétendu faussement propriétaire de la somme prêtée, alors que cette somme dépendait, en réalité, de la succession (2).

Les parties elles-mêmes, dit M. Colmet de Santerre, pourraient attaquer la rédaction de l'acte quand les énonciations ou déclarations mensongères seraient le résultat de la violence ou du dol, parce que, en pareil cas, l'acte perd la force qu'il puisait

____

(1) Cass., 8 janvier 1889. Sirey, 1891. 1. 156, et note 2.
(2) Cass., 28 juin 1881. Sirey, 1882. 1. 105,

uniquement dans ce fait qu'il était le résultat de la
volonté des parties (1) ».

Mais une difficulté a été soulevée sur le point de
savoir si la simulation des actes, soit sous seing privé,
soit authentique, pouvait être prouvée par témoins.

Il y a une distinction à faire : si c'est un tiers qui
demande à faire la preuve de la simulation il peut la
faire par tous moyens, par suite, par témoins et présomptions.

Cela résulte des articles 1348 et 1353 C. c., car
les tiers n'ont pas l'occasion d'avoir en main une
preuve littérale de la convention. Dans quels cas les
tiers auront-ils intérêt à prouver la simulation? Dans
des cas nombreux.

Ainsi des héritiers réservataires prétendent qu'une
vente est une donation déguisée. (Les héritiers réservataires sont des tiers autant qu'ils exercent leur
droit de réserve.)

Une personne a fait, dans un contrat de mariage,
à un des futurs époux, la donation des biens qu'elle
laissera à son décès (art. 1082 et ss. C. c.). Cette
donation n'empêche pas le donateur de disposer de
ses biens à titre onéreux. Tous les biens qui sorti-
ront du patrimoine à titre onéreux échapperont au
donataire. Mais le donateur ne peut plus faire de

(1) Demante et Colmet de Santerre. V. 315 bis, XXIII, p. 583.

donation. Il est arrivé, que le donateur de biens à venir a dissimulé une nouvelle donation, sous forme de vente. Le donataire, de biens à venir, est un tiers qui a intérêt à prouver la simulation de l'acte par tous les moyens (1).

Quand les parties sont-elles admises à prouver, et par quels moyens, que les déclarations qu'elles ont faites à l'acte ont été non sincères et inexactes? Que cette preuve soit possible, cela n'est pas douteux. Mais, comme règle générale, la preuve à faire par l'une des parties devra être une preuve par écrit, par application de l'article 1341, à savoir que la preuve par témoins n'est pas admise pour prouver « outre et contre le contenu aux actes ». Donc, si l'une des parties prévoit qu'elle puisse avoir plus tard intérêt à prouver la simulation, elle doit s'en ménager une preuve par écrit. C'est là, précisément, le rôle de la contre-lettre.

Une personne voulant soustraire ses biens à la poursuite de ses créanciers, consent des hypothèques simulées, absorbant toute la valeur de ses immeubles au profit d'un tiers complaisant. Ce débiteur, s'il n'a pas pleine confiance en son créancier apparent, se fera donner une contre-lettre, annulant la constitution de l'hypothèque.

(1) Cass., 24 janvier 1881. Sirey, 1881. 1. 275.

Ce que nous voulons dire, c'est qu'en général, la preuve par témoins, et par conséquent celle par présomptions, ne sont pas admises.

Si les parties ne sont pas admises à prouver par témoins la simulation concertée entre elles, c'est par application de l'article 1341 qui les oblige à rédiger un écrit et en cas de simulation elles ont ordinairement la possibilité d'en ménager une contre-lettre. Mais cela ne veut pas dire que sans écrit il sera impossible de prouver la simulation.

Notamment les parties sont admises à prouver par témoins toutes les allégations qui constituent une fraude à la loi.

« L'article 1353 du Code civil, qui n'autorise le juge à se décider d'après ses propres présomptions que « dans le cas où la loi admet les preuves testimoniales à moins que l'acte ne soit attaqué pour cause de fraude ou de dol » est généralement entendu en ce sens que les parties peuvent établir l'une contre l'autre, par témoins ou par présomptions de l'homme, les faits de dol, de fraude ou de simulation qui vicient l'acte passé entre elles, et dont elles n'ont pu moralement se procurer une preuve écrite. La défense de prouver par témoins contre et outre le contenu aux actes ne fait donc pas obstacle à l'admission de cette preuve (1) ».

(1) Garsonnet. *Cours de procédure.* II, p. 497. CCCXXVIII, note 15.

Ainsi, si le vendeur prétend qu'une vente à réméré déguise en réalité un contrat pignoratif. Cela constitue une fraude à la loi, car la loi ne permet pas que l'on fasse un nantissement avec convention que, faute de payement à l'échéance, le créancier deviendra propriétaire de l'objet, donné en nantissement.

Intérêt du débiteur : Le débiteur pourra reprendre son immeuble en payant l'argent qu'il doit, même une fois écoulés les délais prévus par la loi ou par la convention (1).

Ainsi un débiteur peut établir par témoins ou par de simples présomptions que la cause exprimée d'une obligation est fausse, lorsque la simulation de la cause a eu pour but de cacher une fraude à la loi (2).

« Il a été jugé, dit M. Huc, qu'une enquête peut être ordonnée, bien qu'elle ne tende directement à prouver que la fausseté de la cause énoncée à l'acte, lorsqu'elle a pour but de démontrer *indirectement* le caractère illicite de la cause réelle dudit acte ».

Il en est ainsi notamment si un billet porte pour cause : *valeur reçue,* tandis que sa cause réelle est une dette de jeu.

De même, l'existence d'une contre-lettre, ayant pour objet, de dissimuler une partie du prix de la cession d'un office de notaire, et l'exécution qu'a

(1) Cass., 30 juin 1879. D. 79. 1. 413.
(2) Cass., 23 juin 1887. Sirey, 1887. 1. 361.

reçue cette contre-lettre peuvent être établies à l'aide
de la preuve testimoniale par les créanciers de la
succession et de la communauté du titulaire cédant ;
on ne saurait leur opposer qu'il s'agit de la preuve
d'une convention illicite et contraire à l'ordre public (1).

§ II.

« La seconde disposition de l'article 1341 souffre
les mêmes exceptions que la première, et la preuve
par témoins, contre et outre le contenu aux actes, est
reçue, conformément aux articles 1347 et 1348 du
Code civil et 109 du Code de commerce :

« 1° Avec le secours d'un commencement de preuve par écrit ;

« 2° Quand la partie qui demande l'enquête n'a pu
se procurer une preuve écrite ; aussi la prohibition
de prouver par témoins, contre et outre le contenu
aux actes, de s'applique-t-elle pas aux tiers ;

« 3° En matière commerciale, c'était jadis un usage
constant parmi les négociants, et l'article 41 du Code
de commerce le confirme par l'exception qu'il y apporte, en disposant qu'aucune preuve par témoins
ne sera reçu contre et outre le contenu aux actes de
société commerciale (2). »

(1) Cass., 27 mars 1888. 1. 366.
(2) Garsonnet. *Cours de procédure*. II. CCCXXVIII, p. 497.

1° Exception réesultant d'un commencement de preuve par écrit.

La Cour de cassation a formellement consacré cette doctrine et a même jugé que de même que l'article 1341 C. civ. n'interdit pas la preuve par témoins, contre et outre le contenu aux actes, lorsqu'il y a un commencement de preuve par écrit, de même les articles 1834 C. civ., et 41 C. com. permettent la preuve par témoins lorsqu'il y a un commencement de preuve par écrit. de toutes les modifications apportées au pacte social. L'arrêt attaqué, dans l'espèce a admis l'affirmative (1).

2° Impossibilité de se procurer une preuve écrite.

La Cour de Cassation a aussi admis la preuve par témoins, de faits ayant accompagné la rédaction d'une police d'assurances, quand c'est l'assureur ou ses préposés qui ont refusé de constater les faits en question, et que l'assuré doit se disculper du reproche d'avoir fait des réticences. L'assuré est recevable à prouver par témoins qu'il avait fait exactement connaître à l'agent de l'assurance, avant la conclusion du contrat, la circonstance que ce dernier lui impute d'avoir recelée (dans l'espèce des tentatives d'incendie dont l'immeuble à assurer avait été l'objet) ; l'assuré, en demandant à prouver sa déclara-

(1) Paris, 26 janvier 1883, confirmé par Cass. 4 novembre 1885. Sirey 1888. 1-365. Voir aussi Cass. 20 décembre 1852. 5. 1853. 1. 27.

tion, n'articulait qu'un fait qui, par lui-même, n'emportait ni obligation ni libération, qu'un fait pur et simple, qui n'avait d'importance que par sa corrélation avec la passation du contrat d'assurance, et qui n'en restait pas moins distinct de l'acte même, destiné à constater les engagements de l'assureur et de l'assuré ; ainsi, en refusant d'admettre la preuve de ces faits, sous prétexte que ce serait prouver outre et contre le contenu de la police, qui ne le mentionnait pas, l'arrêt a faussement appliqué et, en même temps, violé l'article susvisé (1).

De même, les héritiers de l'assuré peuvent prouver par témoins, même en l'absence d'un commencement de preuve par écrit, soit qu'ils ont fait la déclaration prescrite, soit que les agents de la Compagnie se sont refusés à recevoir la déclaration et à la mentionner sur la police (2).

Il s'agit en effet de faire la preuve d'un fait pur et simple ; or il est de jurisprudence constante que les faits purs et simples peuvent être prouvés, par témoins (3).

Dans tous ces cas, il y a, croyons-nous, une impossibilité d'obtenir une preuve écrite, et la preuve testimoniale doit être admise.

____

(1) Cass., 28 mai 1888. Sirey, 1888. 1-424.
(2) Pau, 22 mars 1886, et Toulouse, 15 février 1887. Sirey, 1888. 2. 207.
(3) Cass., 30 juillet 1884. Sirey, 1885. 1. 374.

La règle ne concerne pas les tiers.

Il en résulte, ainsi que le fait remarquer M. Garsonnet, que cette règle ne s'applique qu'entre les parties et ne peut être invoquée à l'égard des tiers.

La Cour de cassation l'a reconnu en principe, notamment par arrêt du 23 mai 1887.

La prohibition de prouver par témoins ou par présomptions, contre et outre le contenu des actes, ne concerne que les parties contractantes et non les tiers. En conséquence, dit la Cour de cassation, le syndic d'une société en faillite, considéré comme représentant la masse des créanciers, peut poursuivre en payement des versements complémentaires dus, sur des actions nominatives non libérées, le cessionnaire de ces actions, bien que l'acte de transfert soit irrégulier, s'il résulte des autres documents de la cause, souverainement appréciés par les juges du fait, que le cessionnaire doit être considéré comme propriétaire de ces actions : à cet égard, les juges peuvent suppléer valablement à l'irrégularité de l'acte de transfert au moyen de présomptions (1).

C'est ainsi encore que, dans le retrait successoral, le retrayant pourrait prouver par témoins que le prix réel a été simulé et qu'il est inférieur à celui énoncé dans l'acte (2) ; la règle de l'article 1341, § 2,

____

(1) Cass., 23 mai 1887. Sirey, 1889. 1. 407.
(2) Paris, 14 février 1834. Sirey, 1834. 2. 650.

ne s'applique que dans les rapports des contractants entre eux et n'est pas opposable aux tiers.

3° Exception pour les affaires commerciales.

Les matières commerciales restent soumises aux prescriptions de l'art. 109 C. comm. qui laisse aux juges toute latitude pour autoriser la preuve testimoniale, même lorsqu'il s'agit d'établir l'existence de modifications verbalement apportées à l'acte de vente (1).

C'est ce qu'a jugé la Cour de Bordeaux par arrêt du 5 avril 1894.

Par suite, la prohibition de la preuve par témoins contre et outre le contenu aux actes n'existe pas en matière commerciale ; en cette matière, les juges peuvent autoriser la preuve testimoniale, à l'effet d'établir l'existence de modifications, verbalement apportées à un acte écrit (2).

La jurisprudence et la doctrine se sont affirmées, en ce sens.

Il faut admettre, dit M. Boistel, qu'il est dérogé aussi, en matière commerciale, à l'interdiction de prouver contre et outre le contenu aux actes (C. civ., art. 1341, 1er al.) ; en effet, la réserve faite par la fin de l'art. 1341 se trouve après cette interdiction ; ce qui prouve que cette dérogation s'applique à la seconde

____

(1) Bordeaux, 5 avril 1894. Sirey, 1895. 2. 15, et note 2.
(2) Sirey. 1895. 2. 15, note 2.

règle de l'article comme à la première ; l'art. 41 C. comm. qui rappelle cette interdiction pour les sociétés, serait inutile si c'était le droit commun, enfin, cela est conforme aux usages du commerce, où l'on cherche souvent à abréger la rédaction et où l'on n'a pas toujours une grande précision (1).

Aux termes de l'art. 41 du Code de commerce : « aucune preuve par témoins ne peut être admise contre et outre le contenu dans les actes de société, ni sur ce qui serait allégué avoir été dit avant l'acte, lors de l'acte ou depuis, encore qu'il s'agisse d'une somme au-dessous de cent cinquante francs ».

« Aucune preuve par témoins » ; mais cela n'empêche pas la preuve par les livres.

Les art. 1834 C. civ. et 41 C. comm. décident que la preuve testimoniale n'est point admise contre et outre le contenu de l'acte de société ni sur ce qui serait allégué avoir été dit avant, lors et depuis l'acte de société, encore qu'il s'agisse d'une somme ou valeur moindre de 150 francs. Ces articles ne sont que la reproduction de l'art. 1341 C. civ. Par suite, de même qu'en matière ordinaire, l'art. 1341 C. civ. n'interdit pas la preuve *par écrit* contre et outre le contenu aux actes, de même les art. 1834 C. civ. et 41 C. comm. n'interdisent pas la preuve par écrit pour établir des modifications au pacte social (2).

(1) Boistel. Nº 446, p. 305.
(2) Cass., 21 juin 1864. Sirey, 1864. 1. 329.

Mais il y a controverse sur le point de savoir si on peut prouver par témoins contre et outre l'acte d'une société commerciale (1). La Cour de Paris a admis cependant l'affirmative quand il y a commencement de preuve par écrit (2).

Mentionnons pour terminer que c'est à celui qui, dans les matières où cette preuve est possible, entend prouver contre et outre le contenu des actes, qu'il appartient de démontrer l'inexactitude de l'écrit qui lui est opposé (3).

Telles sont les limites que la doctrine et la jurisprudence déterminent à la règle qu'on ne peut prouver contre ni outre le contenu aux actes.

(1) Cass., 4 novembre 1885. Sirey, 1888. 1. 365.
(2) Paris, 25 janvier 1883, confirmé par Cass., 4 novembre 1885. Sirey, 1888. 1. 365.
(3) Cass., 5 février 1894. Sirey, 1894. 1. 277.

CHAPITRE IV

PROPOSITION DE RÉFORME.

Une proposition de loi ayant pour but de modifier les articles 1341, 1342, 1343, 1344, 1345, 1715 et 2044 du C. civ. sur l'admissibilité de la preuve testimoniale a été déposée à la Chambre des députés, le 10 juin 1895, par MM. Talou, Vidal, Lachièze, Emile Rey, Lefoullon, Léon Mougeot, députés.

Dans l'exposé des motifs, les auteurs de la proposition déclarent qu'à leur avis le projet de loi sur l'extension de la compétence des juges de paix, dont la discussion, suivant toutes probabilités, viendra prochainement devant la Chambre, entraîne nécessairement la modification des art. 1341 et suivants du C. civ. sur l'admissibilité de la preuve testimoniale.

« Si le juge de paix est bientôt chargé de rendre des sentences souveraines jusqu'à 300 francs conformément aux propositions de la Commission de la réforme judiciaire dont le rapport de notre honorable collègue, M. Vallé, est déjà distribué depuis quelque temps aux membres du Parlement, il aura la faculté d'asseoir ses jugements sur les dires de témoins jusqu'à 150 francs et il ne pourra juger que sur un écrit de 150 à 300 francs. Dans les deux cas, son jugement sera définitif alors que deux genres de preuve absolument différents auront servi à sa décision souveraine ».

« Il nous paraît difficile d'admettre une pareille anomalie. Pourquoi, en effet, priver le juge d'un élément de preuve spécial lorsqu'il statue sur un chiffre variant de 150 à 300 francs, et pourquoi le mettre à sa disposition lorsque le litige est inférieur à 150 francs, alors que, dans les deux cas, son jugement est inattaquable, du moins par la voie de l'appel (1). »

Sous l'empire de la loi actuelle, le juge de paix est bien obligé de recourir à la preuve par écrit quand il juge une cause dont le montant varie entre 150 et 200 francs, mais ces causes sont sujettes à appel, et les parties trouvent auprès des juges d'appel des garanties qu'elles n'ont pas eues ou qu'elles ont cru ne pas avoir devant le premier juge.

« Au surplus, ce sera faciliter ainsi la tâche du juge de paix. L'obliger à juger depuis 150 jusqu'à 300 francs sur le simple examen d'un écrit dont il devra interpréter les termes, souvent obscurs et difficiles à saisir, c'est le placer, la plupart du temps, dans une cruelle an-

_____

(1) *Exposé des motifs*, p. 2.

xiété, car il n'aura pas la satisfaction morale de se
dire que, s'il se trompe, sa sentence pourra être réformée par un tribunal supérieur.

« Mais on a dit souvent qu'il n'est pas plus difficile
de juger une affaire de 1,500 francs qu'une autre de
100 francs ou de 300 francs, et que ce n'est pas le
taux, mais bien la nature de l'action, qui en rend le
jugement plus difficile.

« Si cette raison était absolument exacte, on devrait admettre la preuve testimoniale sans limites,
comme en matière commerciale.

« C'est sous l'empire de cette idée que l'auteur du
projet actuel avait proposé, au sein de la Commission
de la réforme judiciaire, d'étendre l'admissibilité de
la preuve testimoniale jusqu'au taux le plus élevé auquel la Commission est d'avis de fixer, à charge
d'appel, la compétence du juge de paix » (1).

M. Talou insiste encore sur la nécessité de faciliter
sa mission au juge de paix.

« N'oublions pas, d'un autre côté, que le juge de
paix doit avoir pour mission principale, non de juger,
mais de concilier, et que c'est lui enlever un moyen
de conciliation que de lui défendre de s'éclairer à
l'aide de témoignages, s'il croit devoir en user (2).

« Si donc vous voulez qu'il soit juge souverain
jusqu'à 300 francs, vous devez lui donner la liberté

(1) *Exposé des motifs*, p. 3.
(2) *Exposé des motifs*, p. 7 et 8.

souveraine, absolue de rechercher la vérité partout où il croira et comme il croira devoir la trouver. Ajoutons qu'il la trouvera souvent dans les *présomptions* qui viendront toujours à son aide dans les cas où la loi admet la preuve testimoniale, ce qui lui permettra d'éviter aux parties les frais d'une enquête dans un assez grand nombre d'affaires.

« Il nous paraît, dès lors, absolument nécessaire de modifier dans le sens que nous venons d'indiquer l'article 1341 du Code civil, et de faire de notre projet, pour ainsi dire un corollaire indispensable de celui relatif à l'extension de la compétence des juges de paix ou bien de celui sur la procédure devant ces magistrats, l'un, à notre avis, ne pouvant et ne devant aller sans l'autre. »

On le voit, l'idée maîtresse qui a inspiré la proposition de M. Talou est que tout juge doit avoir, dans la limite de sa compétence en dernier ressort, le pouvoir de rechercher la vérité, d'éclairer sa conscience par tous les moyens de preuve.

Cette nécessité d'établir une corrélation entre le taux de la compétence en dernier ressort et le taux de l'admissibilité de la preuve testimoniale s'impose plus que pour tout autre juge, quand il s'agit du juge de paix, afin de lui faciliter les moyens de remplir sa double mission de conciliateur et de juge.

Ces arguments nous plaisent assez quoique nous reconnaissions que cette idée de corrélation n'a jamais été dans l'esprit du législateur ; mais M. Talou invoque encore, à l'appui de sa proposition, la diminution de la valeur de l'argent et aussi l'exemple des législations étrangères.

Sur quelles raisons s'est appuyé le législateur de 1804 pour inscrire dans l'article 1341 qu'il devait être désormais passé acte devant notaire ou sous signature privée, de toutes choses excédant la somme ou valeur de 150 francs ? Il a, dit-on, pensé qu'à cause de la modicité de la somme, les parties ne se donneraient pas la peine, dans presque tous les cas, de recourir à un écrit pour constater la convention, et que les témoins seraient plus difficilement subornables (1).

Mais, depuis longtemps, la valeur métallique des monnaies, et par conséquent du papier qui les représente, a diminué considérablement, et on peut affirmer qu'aujourd'hui 300 francs valent à peine ou ne valent pas ce que valaient 150 francs au commencement du siècle. Dès lors, pourquoi ne pas admettre pour 300 francs la même raison que celle qui décida le législateur de 1804 à fixer à 150 francs l'admissibilité de la preuve testimoniale ? La diminution de la valeur de l'argent est un des motifs invoqués pour étendre la compétence des juges de paix jusqu'à 300 francs en dernier ressort ; la même rai-

______

(1) *Exposé des motifs*, p. 2 et 3.

son s'impose pour étendre aussi la preuve testimoniale jusqu'au même chiffre (1).

Dans les pays étrangers, les législateurs ont été
plus hardis qu'en France. On dirait qu'ils ont eu
plus de confiance que nous en la sincérité des témoins.
En Autriche, en Danemark, en Suède, en Norwège
la preuve testimoniale est admise sans restriction.
En Angleterre la loi n'exige d'écrits que pour certains actes importants. En Italie la preuve est admise
jusqu'à 500 francs, et en Suisse jusqu'à 800 francs.
L'admissibilité de la preuve testimoniale varie suivant
les pays et peut être considérée comme une question
de moralité nationale (2).

A vrai dire, tous les arguments qu'invoque M. Talou,
seraient de nature à motiver l'admissibilité sans limites de la preuve testimoniale ; mais il faut tenir
compte des traditions, aussi M. Talou ne propose-t-il
qu'une réforme prudente.

« Toutefois, dit-il, les législateurs de 1804 ont
imposé des règles si étroites et si sévères à l'admissibilité de la preuve par témoins, en matière civile,
qu'il ne faut l'étendre aujourd'hui qu'avec une prudente réserve. Aussi, après nouvelles réflexions,
avons-nous pensé, quelque grande que soit notre
confiance dans l'honnêteté du citoyen français, qu'il

(1) *Exposé des motifs*, p. 3.
(2) *Exposé des motifs*, p. 4.

ne fallait pas sur ce point appliquer aux matières civiles les mêmes règles qu'aux affaires commerciales et qu'il y avait lieu d'exiger que les conventions fussent toujours écrites lorsqu'elles dépasseraient la somme de 300 francs, chiffre auquel la Commission a elle-même fixé le taux du dernier ressort dans sa proposition sur l'extension de la compétence des juges de paix (1).

« Sans doute, si cette proposition est votée par le Parlement, le juge de paix aura la charge de statuer jusqu'à 1.500 francs, et il ne pourra le faire, sauf exceptions qu'il est inutile de mentionner ici, que sur le vu d'écrits, à l'exclusion de la preuve testimoniale.

Mais les jugements qu'il prononcera dans les causes variant de 300 à 1.500 francs ne seront rendus qu'en premier ressort, et les juges d'appel, aux lumières desquels les parties pourront les soumettre, auront le devoir de faire une nouvelle étude des titres produits et de relever les erreurs d'appréciation que le juge du premier degré aura pu commettre. Cette garantie nous a paru suffisante pour ne pas persister à proposer l'admissibilité de la preuve par témoins jusqu'à 1.500 francs.

En conséquence, M. Talou proposait à la Chambre l'adoption du texte suivant :

______

(1) *Exposé des motifs,* p. 4 et 5.

PROPOSITION DE LOI

ARTICLE UNIQUE

Les articles 1341, 1342, 1343, 1344, 1345 (1), 1715 et 2044 du Code civil sont modifiés de la manière suivante :

Art. 1341. — Il doit être passé acte devant notaire ou sous signature privée, de toute chose excédant la somme ou valeur de trois cents francs, même pour dépôts volontaires ; le juge aura la faculté d'admettre la preuve par témoins contre et outre le contenu aux actes et sur ce qui serait allégué avoir été dit avant, lors ou depuis les actes, s'il s'agit d'une somme ou valeur moindre de trois cents francs ; le tout sans préjudice de ce qui est prescrit dans les lois relatives au commerce.

Art. 1342, 1343, 1344 et 1345. — Au lieu des

---

(1) M. Talou s'exprimait ainsi au sujet des articles qui suivent l'article 1341 : « Les articles suivants 1342, 1343, 1344, 1345 et 1346, à la rédaction desquels nous proposons de ne rien changer, seraient toutefois modifiés en ce sens que le chiffre de 300 francs serait substitué à celui de 150. Et comme c'est en prévision du vote préalable, par le Parlement, de la loi proposée sur l'extension de la compétence des juges de paix que nous demandons l'admissibilité de la preuve testimoniale jusqu'au chiffre du dernier ressort, il est bien entendu que cette preuve serait applicable à tous les cas prévus dans le projet de la Commission, c'est-à-dire aux cas des articles 1, 2, 3, 4 et autres de ce projet présenté dans le rapport de M. Vallé (a). »

(a) *Expose des motifs*, page 8.

mots : « *cent cinquante francs* », portés dans ces quatre articles, mettre : « *trois cent francs* ».

M. Escanyé, député, chargé de faire un rapport sommaire au nom de la 14ᵉ commission d'initiative parlementaire, concluait à la prise en considération de la proposition de M. Léon Talou et de plusieurs de ses collègues, et au renvoi à la Commission de la réforme judiciaire.

« M. Léon Talou et plusieurs de ses collègues proposent de porter à 300 francs la somme au-dessus de laquelle la preuve par témoins sera interdite, et de décider que le juge aura la faculté d'admettre cette preuve contre et outre le contenu aux actes et sur ce qui serait allégué avoir été dit avant, lors ou depuis les actes, s'il s'agit d'une somme ou valeur moindre de 300 francs.

« L'admission de la preuve par témoins jusqu'à 300 francs est corrélative à l'extension de la compétence des juges de paix, proposée par la Commission de la réforme judiciaire. Le principal motif invoqué pour cette extension réside dans la diminution de la valeur de l'argent. Ce motif s'applique tout aussi bien à l'extension de la preuve testimoniale. Sous l'empire de l'ordonnance de 1667, la preuve par témoins était admise jusqu'à 100 livres. Le législateur de 1804, tenant compte dans une certaine mesure de la diminution de valeur de l'argent, fixa la limite à 150 francs. Il pouvait aller plus loin, car l'écart était plus considérable ; mais il fut arrêté par diverses considérations. Il est incontestable, en effet, que le nombre des illettrés est allé toujours en diminuant et que la faculté de constater par écrit une dette est plus grande qu'autrefois. Il n'en est pas moins vrai qu'on négligera souvent de prendre cette précaution, lorsqu'il s'agira d'une petite somme. Cette partie de la proposition, relative à l'article 1341, ne paraît donc pas pouvoir soulever d'objections. »

En conséquence, M. Escanyé concluait, au nom de la Commission d'initiative, à la prise en considération de la proposition.

« Il est certain, disait-il, que la proposition de loi dans son ensemble mérite le plus sérieux examen ; elle est digne de fixer l'attention de tous ceux qui ont à cœur d'améliorer certaines dispositions de notre Code civil, où l'on remarque trop l'influence de l'ancien droit sur le législateur de 1804, et de mettre certaines règles de procédure en concordance avec les nécessités que la pratique a révélées (1).

C'est M. Marc Sauzet, député, qui a été chargé de faire le rapport au nom de la Commission de la réforme judiciaire chargée d'examiner la proposition Talou.

M. Sauzet déclare qu'aucun des arguments invoqués par M. Talou, à l'appui de cette partie de sa

(1) *Rapport de M. Escanyé, au nom de la Commission d'initiative parlementaire*, p. 2 et 3.

proposition n'a paru décisif ; M. Talou part de cette idée préconçue, qu'il pose comme un axiome et sur laquelle il insiste à plusieurs reprises, que, dans la mesure où il juge en dernier ressort, le juge de paix doit avoir « la liberté absolue, souveraine de rechercher la vérité, partout où il croira et comme il croira devoir la trouver (1) ». D'où, très logiquement, il y a lieu de conclure que, en tout cas et contre tout écrit, la preuve testimoniale ou de simples présomptions doivent lui servir à se former une conviction, quand il juge sans appel, c'est-à-dire jusqu'à 300 francs, d'après le projet sur la compétence des juges de paix. Mais, dit M. Sauzet, rien, dans notre législation, n'indique cette intention de calquer les limites de l'admissibilité de la preuve testimoniale sur les limites de la compétence en dernier ressort de telle ou telle juridiction. C'est le Code civil qui fixe les règles sur la preuve, et il le fait sagement, croyons-nous, sans se préoccuper des règles sur la compétence posées en dehors de lui (1). L'article 1341, 2ᵉ al., prévoit des exceptions dans les lois relatives au commerce ; mais, en matière commerciale, l'admission de la preuve par témoins ne dépend pas du caractère, — en premier ou en dernier ressort, — de la décision à intervenir ; elle est absolue, générale. Elle tient à des causes bien

---

(1) Sauzet. *Revue critique,* p. 113.

souvent signalées (les habitudes du commerce, la rapidité nécessaire à ses transactions...), indépendantes
de la question de savoir si le juge va rendre une
sentence susceptible ou non d'appel. M. Talou écrit
« qu'il est difficile de saisir la raison pour laquelle la
preuve par témoins n'est pas admissible jusqu'à
200 fr. », chiffre extrême de sa compétence actuelle.
Il n'y a difficulté à ses yeux que par suite du prétendu principe que l'admissibilité de la preuve testimoniale dépend des règles de la compétence. « Ce
principe n'est pas dans nos lois, conclut M. Sauzet,
et nous ne voyons aucune raison théorique ni aucun
avantage pratique pour l'y introduire ».

Si les auteurs de la proposition veulent édicter des
règles sur la preuve testimoniale, *spéciales aux affaires de la compétence des juges de paix*, ce n'est
pas l'art. 1341 du Code civil qu'il faut modifier, c'est
un article spécial qu'il faut insérer dans la loi sur la
procédure devant les justices de paix.

Ainsi comprise et présentée, la proposition de loi
n'aurait pas, croyons-nous, dit M. Sauzet, plus de
chances de succès. Car on verrait alors la question
de l'admissibilité par témoins dépendre, pour les parties, non plus simplement du chiffre de l'intérêt en
jeu, mais encore du point de savoir si les litiges éventuels entre elles seront ou non de la compétence du
juge de paix. Cette substitution à la règle simple et
claire de l'art. 1341, d'une distinction délicate et dif-

ficile pour les intéressés, n'apparaît pas comme heureuse (1).

M. Sauzet, dans son rapport sur la proposition, constate cependant que la première partie de la proposition a été écartée seulement parce qu'elle n'a pu réunir une majorité, mais sans que des objections aussi graves lui aient été faites. Le rapport sommaire de M. Escanyé va même jusqu'à dire qu'elle ne paraît pas pouvoir en soulever.

Le chiffre de 150 francs fixé par le Code civil est *arbitraire* : pourquoi, dit-on, ne pas le porter à 300 francs ? S'il est vrai que, en fait, pour de petites sommes, on néglige la précaution d'un écrit, on doit considérer « que 300 francs aujourd'hui valent à peine, ou ne valent pas, ce que valaient 150 francs au commencement du siècle ». *La diminution de la valeur de l'argent* qui justifie l'extension de la compétence du juge de paix, proposée par la Commission de la réforme judiciaire, expliquerait de même l'extension de la preuve testimoniale.

Etendre la compétence des juges de paix, c'est, en effet, aux yeux de votre Commission judiciaire, dit M. Sauzet dans son rapport, réaliser un progrès, car c'est simplifier et abréger les procédures, rapprocher la justice du justiciable et l'exposer à de moindres frais.

---

(1) Sauzet. *Revue critique*, p. 114.

Peut-on affirmer qu'il y aurait un progrès analogue dans l'extension de la preuve testimoniale ?
M. Sauzet ne le pense pas.

L'art. 54 de l'ordonnance de Moulins de février
1566 donne, en termes exprès, la raison pratique pour
laquelle il était ordonné que, désormais, il devrait
être passé contrat de toute chose excédant la somme
de 100 livres : « C'était pour obvier à multiplication
de faits que l'on a vu ci-devant estre mis en avant en
jugement, sujets à preuve de témoins et reproches
d'iceux, dont adviennent plusieurs inconvénients et
involutions de procès ».

Diminuer le nombre des procès, empêcher la complication des procédures, telle était la préoccupation
dominante à la fin du XVIe siècle. Ne l'est-elle pas
aujourd'hui encore ? Et aujourd'hui, la preuve testimoniale échapperait-elle aux chances de corruption,
d'erreur ou de mortalité qui, de tout temps, en ont
rendu l'emploi dangereux ou précaire ?

« L'utilité des preuves écrites — des preuves
préconstituées — n'est contestée par personne. On
ne saurait nier qu'elles prêtent à moins d'incertitudes
et d'inexactitudes que les souvenirs et les déclarations de témoins. Partant, elles empêchent une foule
de contestations ou du moins offrent au juge une
base plus solide de décision (1). »

_____

(1) Sauzet. *Revue critique,* 1896, p. 117.

Partant de cette idée, M. Sauzet déclare que, si les preuves écrites sont les meilleures, le progrès doit consister non pas à accroître le nombre des plaideurs dispensés de l'obligation d'en produire, mais à réduire de plus en plus le nombre des citoyens incapables d'y recourir. Ce n'est pas dans l'extension de l'admissibilité de la preuve par témoins, c'est dans la diffusion de l'instruction primaire que se trouvera le progrès.

Déjà les rédacteurs du Code civil, quand ils s'étaient bornés à élever à 150 francs le chiffre de 100 livres de l'Ordonnance, remarquaient que cette augmentation de 50 francs n'était pas « proportionnelle à la valeur relative des espèces ». Le tribunal de cassation avait proposé 200 francs. Le rapport au tribunal constate que « d'une part, les circonstances morales ne sont pas propres à encourager le législateur, à donner plus de latitude à la preuve testimoniale ; de l'autre, *il a dû considérer que l'usage de l'écriture est plus familier* ».

Nous ne retiendrons que ce dernier motif, dit M. Sauzet, en songeant aux sacrifices si légitimes que la République demande au pays pour assurer le développement de l'instruction primaire.

« L'exigence imposée aux particuliers, depuis plus de trois siècles, de constater par écrit leurs conventions et les faits juridiques d'où découlent des droits à leur profit est bonne, parce qu'elle a pour résultat de rendre les procès plus rares, plus courts, plus clairs. Elle devient d'ailleurs de jour en jour moins lourde par la diffusion de l'instruction. C'est dans le développement de l'enseignement élémentaire qu'il faut chercher le progrès, non dans l'extension de la preuve testimoniale.

« La proposition de M. Talou semble considérer que les règles « si étroites et si sévères » du Code civil, quant à l'admissibilité de la preuve testimoniale, sont un mal. Le mal, c'est l'impossibilité, par les illettrés, de rédiger un écrit ou d'en comprendre la portée ; pour le combattre efficacement, nous ne voulons pas élargir, à leur profit, la ressource périlleuse de la preuve par témoins ; ce serait préparer un recul, non un progrès. Nous voulons lutter contre l'ignorance par tous les moyens possibles et maintenir une règle de droit, qui est comme un stimulant à savoir lire et écrire.

« Ce n'est pas dans le siècle où a été proclamée l'obligation de l'instruction qu'il convient de condamner ou d'affaiblir l'obligation des actes écrits (1). »

Par suite, M. Sauzet estime que cette proposition jetterait le trouble dans les habitudes de la pratique sans aucun profit certain. Le chiffre de 150 francs édicté par le Code civil de 1804, est entré dans les usages de la vie courante, affirme M. Sauzet. Il ne

______

(1) Sauzet. *Revue critique*, p. 118.

voit aucune utilité à le changer, même pour établir une symétrie théorique parfaite entre le taux de la compétence en dernier ressort des juges de paix et le chiffre au-dessous duquel des témoins pourraient être désormais entendus.

Nous approuvons absolument M. Sauzet quand il préconise l'excellence des preuves écrites ou pré-constituées.

Ainsi que le dit Bonnier, « dans un état de civilisation avancée, il devient nécessaire d'établir à l'avance certaines preuves faciles à conserver, que l'on puisse retrouver ultérieurement, lorsque le besoin viendra à s'en faire sentir. Sur quelle base reposerait la foi des contrats et la stabilité des propriétés, ajoute Bonnier, si pour constater les droits plus importants on n'avait d'autres ressources que le souvenir des tiers ou les déclarations des parties intéressées (1) » ?

Mais nous ne pouvons approuver M. Sauzet quand il repousse avec autant de vigueur l'admissibilité de la preuve par témoins.

Rappelons, une fois de plus, quelle a été la raison principale qui a motivé la réforme de 1566. On a voulu surtout diminuer le nombre des procès et empêcher les complications des procédures. M. Sauzet reconnaît, comme nous, que c'est là la raison domi-

---

(2) Bonnier. *Traité des preuves*. Édition Larnaude, p. 394.

nante qui a inspiré l'ordonnance de 1566, mais il ajoute : cette raison n'existe-t-elle plus aujourd'hui ?

Nous répondons sans hésiter : non, cette raison n'existe plus aujourd'hui, et nous croyons l'avoir indiqué suffisamment.

Au XVIe siècle, la procédure était très compliquée par suite des abus des gens de justice ; mais, sans parler de cette cause importante de trouble dans l'administration de la justice, au XVIe siècle, la procédure était très compliquée parce que les plaideurs suscitaient incidents sur incidents, répliques, dupliques, tripliques et quadrupliques, interdits et contredits, en sorte que les plaideurs avaient discuté vingt et même trente ans, avant même d'avoir pu faire entendre leurs témoins.

Ces inconvénients existeraient-ils aujourd'hui ? Évidemment non, et d'ailleurs, si l'on admettait, comme nous le croyons utile, la preuve testimoniale sans limite, on pourrait simplifier la procédure de l'enquête.

M. Sauzet invoque ensuite le danger de la subornation des témoins. Cette preuve échapperait-elle, dit-il, aux chances de corruption, d'erreur ou de mortalité ? Sans doute, la mortalité des témoins fait de la preuve par témoins un moyen probatoire moins durable que la preuve écrite, mais peut-on encore, à notre époque, parler de corruption ou d'erreur ?

Dans un pays de suffrage universel, où chaque citoyen est jugé digne d'exercer une parcelle de souveraineté, peut-on soutenir que ces mêmes citoyens sont indignes de témoigner en justice ?

D'ailleurs, n'y a-t-il pas contradiction dans le fait d'écarter la preuve testimoniale en matière civile ordinaire alors qu'en matière commerciale, où des intérêts considérables sont souvent en jeu, en matière criminelle et correctionnelle où la vie et l'honneur des hommes sont en discussion, la preuve testimoniale est admise sans limites ?

Si l'on craint des faux témoignages, que la loi pénale soit réformée ; mais que, par prévention, on suspecte le témoignage des hommes en matière civile seulement, ceci est illogique et inadmissible.

M. Talou propose d'admettre la preuve testimoniale jusqu'à 300 francs et M. Sauzet déclare que cette réforme, pourtant si modérée, jetterait le trouble dans les habitudes de la pratique. Mais il suffit d'examiner la jurisprudence pour constater combien cette critique est mal fondée.

Alors que les tribunaux font les plus grands efforts pour élargir la définition du commencement de preuve par écrit dans le but de rendre possible la preuve testimoniale, alors que les tribunaux suscitent souvent la comparution personnelle, afin de trouver dans les déclarations des parties la base d'une enquête, peut-on dire que l'admission plus large de la preuve

testimoniale jettera le trouble dans les habitudes de
la pratique ?

Mais elle est dans la pratique cette tendance à
l'extension de la preuve testimoniale ; elle s'est imposée au législateur dans la loi de 1889 sur le colonat partiaire.

C'est la pratique qui réclame l'admission de la
preuve par témoins et il n'est que temps de mettre,
suivant l'expression de M. Escanyé, « certaines règles de procédure d'accord avec les nécessités que la
pratique a révélées ».

A l'heure actuelle, ainsi que nous l'avons dit, la
preuve testimoniale est refusée aux parties qui sont
en faute de n'avoir pas fait constater leurs conventions par écrit toutes les fois qu'elles l'auraient pu,
alors que l'objet de la convention a une valeur supérieure à 150 francs. M. Talou propose d'élever le
taux à 300 francs.

Cette réforme est insuffisante ; nous voudrions que
la preuve par témoins fut admise sans limites en
toutes matières, en matière civile ordinaire comme
en matière commerciale, correctionnelle ou criminelle.

Nous revendiquons en somme, pour les parties, la
liberté absolue dans le choix de leurs modes de
preuve.

Seulement nous n'oublions pas que les causes
d'affaiblissement de la preuve testimoniale étaient,

au XVIe siècle, la complication des procès et la mauvaise organisation judiciaire ; le secret de l'enquête
et le défaut de sanction contre les parjures pouvaient favoriser les faux témoins.

Or, le Code de procédure français admet encore,
dans la majeure partie des cas, en matière civile,
l'enquête secrète (1).

Le Code de Procédure civile français, en effet,
établit deux sortes d'enquêtes : l'une sommaire, qui
est publique, a lieu devant le tribunal et dont on ne
dresse procès-verbal qu'autant que l'affaire est susceptible d'appel, employée surtout devant les tribunaux de commerce ; l'autre qui est secrète et a lieu
devant un juge-commissaire qui en dresse procès-
verbal.

Dans la plupart des Codes étrangers, au contraire,
celui de Genève notamment, le Code allemand de
1877, l'enquête a lieu devant le tribunal tout entier
et en public ; c'est par exception seulement qu'elle
est faite par un juge-commissaire.

Aussi, le Code de Procédure français a-t-il donné
lieu à de vives critiques.

« Si jamais un législateur se propose le problème
du mode le plus sûr de ne pas atteindre la vérité, le
Code de procédure français lui en fournira la solu-

____

(1) Ce Code admet aussi la théorie des reproches, qui n'a plus
de raison d'être dans une législation qui n'admet pas les preuves
légales.

tion au titre de l'*interrogatoire sur faits et articles*. Pour éviter à la partie l'ennui de la publicité, l'embarras d'un contradicteur, pour affaiblir les conséquences de ses tergiversations et la honte du mensonge, pour lui fournir les moyens de méditer à tête reposée, de calculer ses réponses, ce Code exige qu'elle soit interrogée en secret, par un seul juge, hors de la présence de son adversaire ; et que les faits sur lesquels l'interrogation a été requise lui soient communiqués au moins vingt-quatre heures d'avance (1). »

« Mettez les parties en présence, devant le juge ; obligez-les à exposer elles-mêmes les faits à leur manière ; exigez qu'elles répondent, sans préparation, aux questions qui leur seront adressées ; recourez, si vous en entrevoyez l'utilité, à l'expédient de les interroger séparément et de les confronter ensuite ; et vous verrez bientôt les nuages se dissiper, les faits s'éclaircir, la vérité se montrer en tout son jour, soit que les parties, de bonne foi, divisées par un malentendu, n'eussent besoin pour s'accorder que d'une intervention impartiale et éclairée, soit que la pénétration du juge ait reconnu la mauvaise foi de l'une d'elles, à travers ses réponses évasives, ses réticences, ses contradictions, et jusque dans son silence. Cette comparution personnelle opèrera comme

____

(1) *Exposé des motifs de la loi sur la procédure civile pour le canton de Genève*, par M. Bellot, professeur de droit, p. 109.

un frein sur celui qui, plus susceptible de la crainte
de la confusion que du sentiment de l'honneur, oserait un mensonge par une voix d'emprunt et ne
l'oserait de sa bouche. Et, si ce scrupule même ne
l'arrête, s'il affronte le péril de l'audience, c'est dans
la difficulté de son rôle, dans l'embarras, dans l'an-
goisse que lui préparent un interrogatoire serré et
ces regards scrutateurs fixés sur lui, dans l'inévita-
ble nécessité de se couper, de se trahir, dans la
publicité de la honte, qu'est placée la peine qui
l'attend (1). »

Avec l'enquête publique, au contraire, la preuve
testimoniale offre beaucoup plus de garanties pour
arriver à la vérité, car la publicité des témoignages
est la plus sûre garantie de leur sincérité, et, d'autre
part, il est évident que le témoignage public devant
le tribunal entier frappera beaucoup plus les juges,
leur donnera le sens exact des dépositions des témoins et pourra mieux leur faire sentir quel degré
de confiance il y a lieu de leur accorder.

On a reproché, il est vrai, à l'enquête publique
trois vices distincts, séparés. Le premier d'être peu
véridique, peu probante, d'entraîner assez fréquemment de graves erreurs ; le second d'être une source
de désordres, d'inconvenances, de compromettre la
dignité des tribunaux ; le troisième d'être une cause

____

(1) *Exposé des motifs de la loi sur la procédure civile pour
le canton de Genève*, par M. Bellot, professeur de droit.

de lenteurs et d'entraves, d'être moins expéditive que l'enquête écrite et secrète.

M. Perin, orateur du Tribunat, indiquait ainsi les raisons qui avaient fait adopter le système de l'enquête secrète par la section de législation : « Les témoins seront-ils entendus en public à l'audience ? Non, messieurs ; une courte expérience n'a que trop fait sentir les abus qui en résulteraient. Je ne parle pas des inconvenances ni des entraves que ce mode apportait à l'administration de la justice, mais le désordre que cause nécessairement dans l'esprit du témoin l'appareil dont il est environné est peu propre au recueillement qui lui est nécessaire pour rendre compte de faits souvent éloignés ; la crainte de se tromper peut lui imposer silence sur les circonstances peut-être les plus intéressantes ; s'il commet une légère erreur, le murmure qui s'élève autour de lui le déconcerte, l'amour-propre s'irrite, et alors il se croit intéressé à soutenir ce qui, dans son principe, n'a été qu'une erreur involontaire ».

Mais, ainsi que le fait observer Boitard : « Il semble que la présence du tribunal entier, que la présence d'un auditoire nombreux et attentif, écoutant et surveillant la déposition du témoin, est de toutes les garanties la plus forte, la plus puissante que puisse exiger la loi pour arriver à la vérité ; que rien n'est plus propre que la solennité de l'audience publique à déterminer le témoin à bien peser toutes ses expressions, à ne laisser échapper, je ne dirai pas même aucun mensonge, mais aucune assertion légère ou téméraire ; que, de plus, la crainte d'être dément par un témoin qui va le suivre immédiatement, la crainte d'être convaincu de mensonge en présence d'un public nombreux, par la contrariété de son témoignage avec des témoins déjà entendus avant lui, appelés dans l'auditoire avant qu'il y fut appelé, il me semble que toutes ces craintes, toutes ces considérations présentent de fortes garanties de véracité (1). »

En Allemagne, la loi du 30 janvier 1877 (art. 14) a abrogé « les règles qui excluent différents genres de preuves à l'égard de certains droits ou ne les admettent que sous des restrictions ».

La France doit rejeter les règles exclusives de la preuve par témoignage. Cette exclusion était considérée comme dure, odieuse et contraire au droit, en 1566. A notre époque, les motifs qui auraient pu la justifier en 1566 et qui dérivaient de vices de procédure et d'organisation judiciaire, n'existent plus.

Qu'on prenne des garanties contre le danger des faux témoignages, mais qu'on rejette les règles exclusives de la preuve testimoniale ; cette réforme est commandée par l'équité et par le bon sens.

Si l'on adopte le système de la publicité de l'en-

(1) Boitard. *Leçon de procédure* (15e édition, revue par Glasson), I, p. 560.

quête, si l'on délimite avec la plus grande précision les délais et la production des témoins, en les astreignant à déterminer exactement, comme on le fait aujourd'hui, les faits concluants, pertinents ou admissibles dont la preuve pourra être proposée, la preuve testimoniale n'offrira aucun danger.

M. Sauzet invoque la diffusion de l'enseignement pour exiger avec plus de rigueur la preuve littérale. Nous disons au contraire qu'à une époque où l'instruction est obligatoire, les parties pourront mieux se rendre compte de l'utilité d'un écrit, les témoins auront un souci plus grand de leur dignité et du respect de la vérité.

Il faut laisser aux parties la liberté de choisir le mode de preuve qui leur paraît le plus sûr et le plus sincère.

Il faut donc admettre la preuve par témoins, sans limites, à la seule condition d'établir, en toutes matières, l'enquête publique et une procédure rapide et fixée avec précision.

La proposition de loi, déposée par M. Talou, dont nous venons d'exposer la première partie, tend à modifier le 2ᵉ alinéa de l'article 1341 de la manière suivante : « Le juge aura la faculté d'admettre la preuve par témoins contre et outre le contenu aux actes et sur ce qui serait allégué avoir été dit avant, lors ou depuis les actes, s'il s'agit d'une somme ou valeur moindre de trois cents francs ».

L'exposé des motifs qui accompagnait cette proposition s'exprimait ainsi :

« Le juge appelé à se prononcer sur une contestation à propos d'un chiffre inférieur à 150 francs ne peut pas aujourd'hui avoir recours à la preuve testimoniale dont le but serait d'établir la fausseté d'une convention écrite portant sur une somme moindre de 150 francs. Il nous semble que cette règle est beaucoup trop rigoureuse. Un juge unique, à notre avis, chargé de se prononcer souverainement sur un litige, doit avoir la possibilité de rechercher les éléments de sa décision partout où il croit pouvoir les trouver. Nous ne disons pas que ce juge ne devra pas tenir grand compte de l'écrit, mais nous demandons qu'il ait la faculté, lorsqu'il le jugera nécessaire, d'entendre des témoins pour combattre, s'il y a lieu, les allégations de l'écrit, afin de pouvoir mieux en apprécier la valeur. L'obligation étroite, absolue, où il est et où il serait désormais plus souvent, de démêler ce qu'il peut y avoir de nuageux et d'incertain dans les termes d'un écrit, provoque nécessairement des sentences contraires à la justice et au droit qui auraient été différentes si la preuve par témoins fût venue à son secours. Ainsi, par exemple, que de fois n'arrive-t-il pas que sur deux parties qui contractent, l'une d'elles ne sait pas lire et ne sait que signer son nom, ou bien que la plus lettrée ou la plus rusée des deux rédige sciemment l'écrit contrairement à l'accord fait entre elles, ou dans des termes ambigus dont l'interprétation doit tourner nécessairement à son avantage et, par suite, au préjudice des intérêts de l'autre? Si la partie qui affirme que l'écrit renferme des clauses contraires à la convention faite ou aux modifications qui ont précédé ou suivi cet écrit n'a pas la ressource de la preuve testimoniale pour rétablir la vérité, elle sera fatalement victime de la mauvaise foi ou de la trop grande habileté de la personne avec laquelle elle aura eu l'imprudence de contracter (1). »

En 1871, le législateur n'a pas hésité à autoriser l'administration de l'Enregistrement à faire la preuve par témoins des dissimulations dans les prix de vente ou dans les soultes stipulées dans les échanges ou les partages (Loi du 23 août 1871, art. 3). Cette administration a donc aujourd'hui la faculté de prouver par témoins contre les énonciations contenues en les actes. Pourquoi ne pas donner au simple citoyen le même droit dans un modeste litige inférieur à 300 francs et le priver, pour le triomphe d'une cause qu'il croit juste, d'un moyen de preuve que la loi de 1871 a bien accordé à l'Etat (2)?

N'arrive-t-il pas encore souvent que le débiteur

(1) *Exposé des motifs*, p. 5 et 6.
(2) *Exposé des motifs*, p. 7.

se libère d'une dette consentie par écrit et laisse le titre entre les mains du créancier ? Il est à présumer que dans la plupart des cas il le retire ou se fait délivrer une quittance, mais lorque la dette est de minime importance, le débiteur et le créancier ne peuvent-ils pas l'un et l'autre négliger l'un de retirer, l'autre de rendre le titre ? N'est-il pas juste d'antoriser le débiteur, quelque coupable que soit sa négligence, à prouver par témoins, à l'encontre du créancier de mauvaise foi ou de ses héritiers qui d'ordinaire ignorent tout, l'extinction partielle ou totale de l'obligation (1)? L'existence du titre en les mains du créancier ne doit être considérée que comme une présomption de la dette, et cette présomption doit pouvoir être détruite par la preuve contraire ; or il est très difficile et souvent impossible de faire cette preuve autrement que par témoins. Si la dette est inférieure à 300 francs, pourquoi ne pas admettre à prouver par témoins l'extinction d'une dette aussi minime ? N'est-il pas déraisonnable de prohiber cette preuve pour établir le payement d'une dette de 10 ou 20 francs qui aurait été contractée par lui ?

Et si des modifications verbales sont apportées à l'écrit, la preuve par témoins est aujourd'hui inadmissible pour justifier ces modifications ; mais il nous semble qu'il n'y a pas de motif pour prohiber la

____

(1) *Exposé des motifs,* p. 6.

preuve testimoniale plutôt dans ce cas que dans
l'autre. Il s'agit toujours de prouver une convention,
car, modifier celle qui existe, c'est en faire une seconde, et celle-ci doit bénéficier des mêmes avantages que la première.

En matière commerciale, la preuve par témoins
est admise dans tous les cas où elle est reconnue nécessaire, même contre et outre le contenu aux actes
et pour quelque somme que ce soit. Pourquoi ne
pas donner au juge de paix la même faculté dans les
affaires où il est chargé de se prononcer en dernier
ressort? Dans ces limites, n'offrira-t-il pas aux justiciables autant de garanties que les tribunaux de
commerce qui jugent souverainement jusqu'à 1500
francs(1)?

M. Escanyé, rapporteur, faisait remarquer que la
seconde proposition, concernant la preuve par témoins contre le contenu aux actes : « L'interdiction
s'applique actuellement à toute somme, si minime
soit-elle. La proposition porte donc atteinte à un
principe du Code qui a un caractère absolu. Ne peut-
on pas cependant en faire fléchir la rigueur, lorsqu'il
s'agit d'une somme n'excédant pas 300 francs ? N'y
aurait-il pas avantage à établir cette exception? M. Léon
Talou présente à cet égard une série de considérations très sérieuses, qui tendent à démontrer que

(1) *Exposé des motifs*, p. 7.

cette admission de la preuve par témoins aurait de l'utilité en bien des cas et n'offrirait pas dans la pratique les dangers qu'elle paraît comporter. »

La seconde modification consiste à édicter que, dans cette limite de 300 francs, la preuve par témoins serait reçue même « contre et outre le contenu aux actes et sur ce qui serait allégué avoir été dit avant, lors ou depuis les actes ».

Sur ce point, M. Talou a, devant la Commission de la réforme judiciaire, admis un tempérament ; il a déclaré limiter l'admissibilité de la preuve testimoniale « contre et outre le contenu des actes », au cas où il s'agirait d'actes sous seing privé. Il a reconnu que permettre la preuve par témoins contre et outre le contenu d'actes authentiques, serait excessif.

« Votre commission judiciaire va plus loin, dit M. Sauzet. Dans sa séance du 24 décembre dernier, elle a repoussé, à l'unanimité moins une voix, l'innovation proposée, en tant qu'elle aurait pour résultat, — quand l'intérêt engagé serait inférieur à 300 francs, — d'affaiblir les preuves écrites, même sous seing privé, au profit de la preuve par témoins.

« Ne favoriserait-on pas l'esprit de chicane si on laissait espérer aux plaideurs que les constatations d'un écrit, par eux rédigé, peuvent être renversées par des dires de témoins ?

Diminuer les procès, sans sacrifier aucune préten-

tion légitime, a toujours paru désirable. En ce sens,
il est bon que les parties trouvent une garantie dans
la précaution prise par elles, même pour un intérêt
modique, de constater par écrit leurs accords ou les
faits juridiques générateurs de droits. Or, il n'en
serait rien, si des témoins pouvaient l'emporter sur
un acte sous seing privé ou authentique.

Restaurer la vieille maxime : *Témoins passent
lettres*, — qui ne fut jamais, à aucune époque, admise
sans restriction, — ne se comprendrait que si le
nombre des illettrés allait croissant, ou si, par suite
d'une évolution sociale, dont nous cherchons vaine-
ment la trace, il y avait des motifs sérieux, soit de
croire à l'exactitude des souvenirs et à la véracité
des témoins, soit de suspecter la sincérité des écrits
sous signature privée (1).

En dernier lieu, c'est en vain, dit M. Sauzet (2),
que pour justifier la prétendue réforme, on a reproché à la règle actuelle de nombreux inconvénients
ou périls. L'exposé des motifs qui révèle une connaissance si approfondie des usages et des faits (3),
suppose, par exemple, que l'une des parties « plus
lettrée ou plus rusée » use de « mauvaise foi ou

(1) Marc Sauzet. Rapport au nom de la Commission de la Réforme judiciaire chargée d'examiner la proposition Talou, dans
Revue critique, t. XXV, février 1896, p. 112 et 113.

(2) Sauzet. *Revue critique,* p. 115.

(3) M. Talou, député du Lot, était précédemment avoué à Cahors
(Lot).

d'une trop grande habileté » pour rédiger un écrit
contraire à l'accord intervenu... Mais, c'est là pré-
voir la fraude ou le dol qui rendent la preuve par
témoins admissible, sans qu'il y ait rien à changer à
l'article 1341. Tout le monde le reconnaît.

L'argument présenté par M. Talou et tiré de ce
que l'administration de l'Enregistrement est admise,
en vertu de l'article 3 de la loi du 23 avril 1871, à
faire la preuve par témoins des dissimulations dans
les prix de ventes et soultes stipulés dans les échanges ou les partages, ne séduit pas davantage M. Sauzet, qui estime que la situation proposée est très différente de celle de la loi de 1871 : « Celle-ci a admis
dans un intérêt public (fiscal), la preuve par témoins
contre des déclarations inexactes concertées entre les
parties et portées dans les actes où l'administration
n'intervient pas. Ce qu'on nous propose, au contraire, c'est, dans l'intérêt purement privé de l'une des
parties, de renverser, à l'aide de témoins, les constatations écrites émanant d'elle ou de ses auteurs. Les
deux situations ne sont pas comparables (1). »

L'exposé des motifs signale encore le cas où un
débiteur paie son créancier sans se faire donner une
quittance et en laissant, par négligence, le *titre* entre
les mains du créancier.

Mais, dans cette hypothèse, il ne s'agit pas de

____

(1) Sauzet. *Revue critique*, p. 115.
(2) Sauzet. *Revue critique*, p. 116.

prouver contre ni outre ce *titre*. Il s'agit de prouver
un paiement, acte juridique distinct du titre écrit du
créancier et nullement contradictoire avec lui. Si
donc ce paiement a été inférieur à 150 francs, il peut,
actuellement, être prouvé par témoins. Telle est du
moins l'opinion dominante.

Enfin M. Talou insiste sur le cas où un écrit obscur,
ambigu donne lieu à interprétation, et il déplore
que le juge de paix ne puisse pas s'éclairer sur son
sens exact et précis par l'audition de témoins. Mais,
s'il y a vraiment lieu *à interprétation*, si l'écrit invoqué ne concorde pas avec les prétentions de l'une
des parties et ne les justifie pas pleinement, on n'est
plus en présence d'une preuve écrite. On est, peut-
être, en face d'un commencement de preuve par
écrit qui rendra la preuve par témoins admissible
(art. 1357). En tout cas, éclairer le sens d'un acte
ce n'est pas prouver contre ni outre cet acte. Comme
on l'a dit très justement, autre chose est l'extension,
autre chose est l'interprétation de ce qui s'est passé
entre les parties, et il est admis, très généralement,
que l'on peut compléter au moyen de la preuve testimoniale des énonciations ambiguës ou suffisantes.

Telles sont les raisons qui ont, sur la seconde partie de la proposition de M. Talou, entraîné un avis
défavorable très ferme de votre Commission judiciaire.

Il faut reconnaître que les motifs invoqués par M. Talou ne sont pas suffisants pour faire accepter une réforme à cet égard.

A l'heure actuelle surtout, où le nombre de gens illettrés est beaucoup moins considérable, il n'est pas possible d'admettre que les actes puissent être attaqués par témoins ; les gens ordinairement savent ce qu'ils écrivent et ils doivent y prêter attention ; ils sont fautifs s'ils ont écrit ou laissé écrire puis signé des conventions différentes de celles qui étaient dans leurs intentions et dans leur esprit. Il ne faut pas leur permettre de se prévaloir de leur étourderie ou de leur négligence pour attaquer des actes qui, vis-à-vis de l'autre partie, ne peuvent en rien être critiqués.

Ce serait mettre les honnêtes gens, soucieux de régler avec soin leurs intérêts et qui peuvent aussi, certainement, être des gens vigilants et scrupuleux, à la merci de gens malintentionnés ou, dans tous les cas, peu scrupuleux et négligents.

Il faut donc maintenir la règle telle qu'elle existe : les tempéraments que la doctrine et la jurisprudence y ont apportés, suffisent largement à assurer le respect de l'équité et la sauvegarde de tous les intérêts.

CONCLUSION

—

Nous avons étudié les règles relatives à l'admissibilité de la preuve testimoniale en matière de conventions depuis les origines du droit français.

A l'époque féodale, nous trouvons le caractère formaliste et solennel des contrats et du témoignage. Le témoin est un garant qui, s'il est faussé, défend par la bataille, et son dire et le droit de la partie qui l'a appelé à le garantir.

Mais bientôt la force obligatoire n'est plus réservée aux seules chartes royales ; les lettres scellées sont obligatoires, l'acte sous seing privé apparaît.

De ce jour, les règles sur la preuve auraient dû être transformées ; il eût fallu défendre la preuve par témoins contre et outre le contenu aux actes ; la lettre, devenue obligatoire, aurait dû faire preuve à l'égard de tous.

C'est là, croyons-nous, l'une des causes, et des plus graves, des abus que la preuve testimoniale devait produire.

D'autre part, aux époques mérovingienne et carolingienne, l'enquête était orale et publique ; à l'époque féodale, l'enquête était orale, contradictoire et publique. Le témoin savait de plus le danger qu'il encourait à faire un témoignage susceptible d'être faussé ; il s'exposait à être contraint de recourir à la bataille, il risquait sa vie. La publicité de l'enquête était, croyons-nous, une des garanties des plus sûres de la sincérité des témoins.

L'enquête secrète pouvait peut-être assurer plus d'indépendance au témoin, mais elle lui permettait aussi d'affirmer sans crainte des faits douteux, elle permettait au témoin tous les courages, même celui de trahir son serment, et le nombre des faux témoignages devait nécessairement augmenter avec l'affaiblissement de la foi religieuse.

Aux temps de foi ardente, il est certain que la crainte de Dieu devait, dans la bataille, assurer le triomphe à celui dont la conscience était pure et qui luttait pour le bon droit ; devant les officialités, il est certain qu'à l'origine la crainte des faux serments a dû assurer la sincérité des témoignages.

Mais, avec la dépravation des mœurs et l'affaiblissement de la foi qui se produisirent vers la Renaissance, ces sentiments élevés ne pouvaient plus suffire à faire respecter la vérité dans les témoignages.

Il eût fallu, pour remédier à cet état de choses.

une organisation judiciaire des mieux établies et une magistrature composée de magistrats intègres et éclairés.

Sans doute la magistrature française a eu des représentants des plus distingués, il faut croire que les juges des Parlements et des tribunaux supérieurs étaient des plus respectables, mais nous avons cité les abus qui se produisaient au Châtelet de Paris ; quels devaient être les excès des justices inférieures ! Bien que Loyseau décrive un état de choses à une période plus avancée, nous savons que les abus des justices de village sont restés légendaires ; sans doute ils étaient de tradition.

Il ne faut pas oublier que les juges n'étaient rémunérés qu'avec les épices, et leur intérêt pouvait leur conseiller souvent de multiplier les vacations, les incidents ou les contredits. De là des retards infinis, des frais considérables et un trouble profond dans la conscience des juges comme dans la clarté des affaires.

Voilà, à notre avis, les trois causes des abus auxquels la preuve testimoniale a donné lieu :

1° Une organisation judiciaire déplorable ;

2° Un défaut de relation entre la force obligatoire et la force probante des écrits ;

3° Le défaut de publicité des enquêtes et le défaut de sanction des faux témoignages.

Ce sont là les trois causes qui ont rendu une ré-

forme nécessaire ; c'est à la demande du Parlement
de Toulouse que le Chancelier de l'Hospital fit rendre
l'ordonnance de 1566.

Nous savons que cette ordonnance exigeait désormais qu'un écrit fût rédigé pour constater tous contrats pour une fois payer d'une valeur de plus de
cent livres, et qu'elle décidait que la preuve par témoins ne serait plus reçue outre le contenu aux actes quand il y aurait un écrit.

Cette réforme pouvait-elle donner de bons résultats ? Assurément les preuves préconstituées présentent un avantage considérable, elles pouvaient réaliser un des buts que se proposait l'ordonnance :
diminuer le nombre des procès et en faciliter la solution.

Mais ce n'était pas dans la réforme des règles relatives à l'admissibilité de la preuve testimoniale qu'il
eût fallu chercher un remède aux abus : c'est l'organisation judiciaire et la procédure qu'il eût fallu
réformer ; on n'osa pas, c'est la preuve qui fut ré-
glementée.

A vrai dire, la réforme était limitée, le Parlement
de Toulouse n'avait sollicité cette réforme que pour
les choses suscitant payements, il en excluait les testaments, les dépôts, le commodat, les payements, et
le Parlement de Toulouse déplorait l'extension que
la jurisprudence des autres Parlements, de Paris
notamment, avait donnée à cette ordonnance qui

avait été rendue cependant sur les remontrances du
Parlement de Toulouse.

L'ordonnance de 1667 vint confirmer la jurisprudence du Parlement de Paris et l'interprétation extensive qu'elle avait donnée à la règle qui prohibait
la preuve par témoins au-dessus de cent livres ; la
preuve testimoniale fut prohibée pour toutes choses ;
en outre, on décida qu'il serait défendu désormais de
prouver contre et outre le contenu aux actes, quel
que fût le montant de l'objet du litige.

Ce sont là les principes que le Code civil a adoptés
sans même les discuter. Une seule réforme a été faite :
la preuve testimoniale était jusqu'alors une preuve
légale, un seul témoin ne pouvait faire preuve, il en
fallait deux pour assurer une preuve ; les juges
comptaient les témoignages, ils ne les pesaient pas.
Désormais, la preuve testimoniale est une preuve
judiciaire ; le juge pèse les témoignages, il ne les
compte plus.

Mais il est à déplorer que le Code civil ait maintenu, sans la discuter, l'exclusion de la preuve par
témoins.

L'organisation judiciaire présente, à l'heure actuelle, des garanties sérieuses ; la procédure, il est
vrai, a maintenu l'enquête secrète, mais l'enquête est
publique dans de nombreuses affaires, dans les affaires sommaires, en matière de commerce, en matière
criminelle, correctionnelle et de simple police.

Pourquoi exclut-on la preuve testimoniale ? Il n'en subsiste plus guère qu'un motif. C'est la crainte de la subornation des témoins : mais, ainsi que l'écrit M. Glasson : « Les méfiances de notre ancien droit contre les enquêtes ne sont plus à redouter de nos jours et les corruptions de témoins, autrefois très fréquentes, sont devenues infiniment rares. Racine a pu dire dans les *Plaideurs* :

« Le grand homme-là, sec, qui me sert de témoin et qui jure pour moi, lorsque j'en ai besoin ».

Cet homme-là, on ne le trouverait plus aujourd'hui (1).

Signalons cependant une amélioration récente. Aux termes de l'article 11 de la loi du 18 juillet 1889 sur le Code rural (titre IV. — Bail à colonat partiaire), le juge de paix peut admettre la preuve testimoniale, s'il le juge convenable, pour statuer « sur les difficultés relatives aux articles du compte entre bailleur et colon partiaire, lorsque les obligations résultant du contrat ne sont pas contestées sans appel, lorsque l'objet de la contestation ne dépasse pas le taux de sa compétence générale en dernier ressort et à charge d'appel, à quelque somme qu'il puisse s'élever ».

Devons-nous voir une tendance dans cette réforme? Nous le souhaitons ; il est à désirer que le législateur

---

(1) Glasson sur Boitard. *Leçons de procédure civile*, 15e édition, nº 475, p. 519 et 520.

efface enfin les résultats de l'interprétation trop large de l'ordonnance de 1566 qui voulait restreindre seulement la preuve testimoniale dans de sages limites et, s'il n'accepte pas la preuve par témoins sans restriction, qu'il lui rende au moins l'importance qu'elle mérite et qu'il assure son admission dans une mesure aussi large que possible.

« Cette vérité est palpable. Comme il s'en faut, cependant, qu'elle ait été toujours exactement saisie par la législation et la science modernes ! Combien de progrès intrinsèques dans les principes du droit n'ont été réalisés qu'au prix d'un véritable recul sous le rapport de la preuve (1) ! »

A l'heure actuelle, la proposition Talou, que nous avons analysée longuement, demande l'admissibilité de la preuve par témoins jusqu'à la limite extrême de la compétence projetée des juges de paix, soit 300 fr., et d'autre part l'admissibilité de la preuve par témoins jusqu'à 300 fr., même contre et outre le contenu aux actes.

Nous avons repoussé cette proposition parce qu'à nos yeux l'écrit doit avoir une égale puissance et quant à la force obligatoire et quant à la force probante ; une pareille réforme susciterait des procès innombrables.

Mais, à notre avis et à la condition de rendre les

____

(1) Ihering. *L'esprit du Droit romain,* IV, p. 199 et 200.

enquêtes publiques, la preuve testimoniale devrait être admise sans limites.

Les nécessités de la pratique et aussi le respect de la logique imposent cette réforme.

On admet la preuve testimoniale pour prouver des affaires considérables en matière de commerce, et on ne l'admettrait pas pour prouver une convention de 151 francs.

On admet la preuve testimoniale en matière criminelle quand il s'agit de la vie et de l'honneur des citoyens, et on ne l'admettrait pas pour prouver un achat ou un échange de 151 fr.

Bien plus, en matière de bail, on soumet la décision au serment de la partie qui nie le bail (art. 1715) : ainsi la loi suspecte le serment de témoins souvent désintéressés ou indifférents et on valide le serment d'une partie intéressée !

Ces illogismes sont stupéfiants.

Ce sont des traditions, dit-on : certes, les traditions sont respectables, mais quand elles se trouvent en contradiction formelle avec la logique, les besoins du commerce et même l'équité, il ne faut pas hésiter à les sacrifier.

La preuve testimoniale est la plus simple et la plus sûre, pourvu qu'elle soit administrée en présence de juges intègres et dans des conditions de publicité qui assurent sa sincérité.

La loi a déjà consacré l'admissibilité absolue de la

preuve par témoins quand l'enquête est publique (affaires commerciales, affaires criminelles) ; la jurisprudence fait des efforts inouïs pour rendre possible la preuve testimoniale par l'interprétation du commencement de preuve par écrit.

Ce sont ces règles légales, c'est cette jurisprudence qu'il suffit de consacrer par une disposition générale qui admette la preuve testimoniale sans limites en toute matière, sauf quand il y a un écrit.

En restituant à la preuve par témoins l'importance qu'elle mérite, le législateur aura rendu service à la société et assuré le triomphe de l'équité et du bon sens !

Vu

Par le Président de la thèse,

Léon MICHEL.

Vu

Par le Doyen,

E. COLMET DE SANTERRE.

Vu et permis d'imprimer :

Le Vice-Recteur de l'Académie de Paris,

GRÉARD.

TABLE DES MATIÈRES

GRANDE IMPRIMERIE DE BLOIS
Directeur-Gérant : EMMANUEL RIVIÈRE, Ingénieur des Arts et Manufactures.